武士の心得

サムライの行動則から解明する
坂本龍馬暗殺事件

宇津志 建
Utsushi Takeru

郁朋社

武士の心得

——サムライの行動則から解明する坂本龍馬暗殺事件——／目次

第一章　武士の作法と剣術

第二章　武士の心得と剣技から検証する龍馬暗殺

第四章　武士道と武士の心得

装丁／宮田麻希

第一章　武士の作法と剣術

武士が学んだ武術

「武士」「侍」というと時代劇や大河ドラマ、時代小説の中のことで非常に遠い存在に感じられるかもしれない。だが、果たしてそうだろうか。

坂本龍馬の盟友であり、幕末に土佐藩士であった田中光顕（陸援隊副隊長・維新後宮内大臣）は、天保十四年（一八四三）に生まれ、幕末の動乱期に坂本龍馬、中岡慎太郎、高杉晋作らの薫陶を受け、志士として活躍した。

坂本龍馬と中岡慎太郎が殺害された「近江屋事件」の際には土佐藩邸から現場に駆けつけ、まだ息のあった中岡慎太郎を介抱し、その後二日間存命した中岡から事件についての証言を聞いたという。田中光顕が逝去したのは昭和十四年（一九三九）だが、これは太平洋戦争終結の六年前であった。坂本龍馬の同志が昭和の時代まで生きていたのである。

「新選組最後の隊士」と言われた池田七三郎は鳥羽伏見の戦い、江戸帰還後の甲州勝沼の戦いに参加し、重傷を負うが生きのびる。その後、会津戦争にも参加し、新選組副長・土方歳三、三番隊組頭・斎藤一と共に会津で奮戦した。

池田は昭和十三年（一九三八）に没したのだが、新選組の土方や斉藤と共に戦った人物が昭和初期まで生きていたことに驚きを感じる人もいるのではないだろうか。

現在でも昭和一桁《けた》代に生まれた人たちが多く存命しているが、彼らはかつての武士と時代を共有していたことになる。そう考えると「武士」とは決して遠い歴史の中の存在ではないと言えるだろう。

武士には独自の行動則があった。例えば、なぜ武士は、

「道の左側を歩くのか」

「雨の中を走らないのか」

「他家に入る際は刀を右手に持つのか」

「切腹を申し付けられたなら潔く受けねばならないのか」

これらの武士の行動則——「武士の心得」を理解するためには武士道の概念を知る必要がある。礼節と実戦性という一見相反する二つの面を併せ持つ、この稀有な行動則を知ることで、そこから武士道という高潔な精神性と共に生きた人々の姿が見えてくる。

武士の行動則は、武士の日常を通して見てみると現代人との違いがよく分かり大変興味深い。そして武士の行動を「武士の心得」の面から考証することによって、武士の習慣、用心、気構えを知ることができる。

幕末最大の謎とされてきた事件を解く鍵もまた、武士の心得を知ることにあるのだ。

「武士」が持つ武器といえば、誰もがまず「刀」を思い浮かべるだろう。「武士」「侍」＝日本刀というように、刀は武士を象徴するものといえる。では、実際に武士は戦うためにどのような武器を携え、

技を磨いたのだろうか。

日本には古来より伝わる優れた技法体系を持つ、剣術をはじめとする様々な武術が伝承されていた。これらの技法は長い年月をかけて武人によって研究・練磨の末に体系付けられたもので、非常に高度かつ実践的な技法であった。

具体的に武士が学んだ武術を見てみれば、第一に剣術が武士の表芸であった。常に腰に帯び「武士の魂」とされた日本刀で戦う術、すなわち剣術の技を磨くことは武士の心得の一つであり、剣技に秀でることは名誉とされた。また「刀槍《とうそう》の術」といわれたように戦場に出る武士にとって、剣術と共に武器の中では特に槍術を会得することも重要だった。

なぜなら武士は元来、合戦での戦功を挙げることが求められたので、合戦で主体に使われる武器である槍の技法を修めておく必要があったのだ。また、合戦ではいざとなれば、身近にあるものを何でも武器として戦い、さらには無手でも敵を倒せるように技を練磨した。

いわゆる「武芸十八般」と言われるように剣、体術（柔術・拳法）、槍、弓、居合、棒、杖、隠し武器等、様々な武術を体得した。

一方で日本武術には戦う技法と共に礼法もまた伝えられてきた。

礼法は単なる作法ではなかった。武術修行の一環であり、稽古相手を敬うだけでなく、平素において「争いを未然に防ぐ」ために不用意な言動を慎むなど、礼節、心構えを含む重要なものであった。

かつての道場では最初の数か月はただひたすら道場の清掃をし、挨拶、作法などの礼法のみを繰り返し稽古させられ、戦う技術の稽古は全く行われなかった。この期間に師や兄弟子の真似をして勝手に技を稽古していると厳しく叱責され、場合によっては道場を辞めさせられた。

この期間は本来の技法稽古に入るまでの準備期間であり、指導者にとっては生徒の人間性を判断するための重要な期間であった。

剣術、柔術、拳法といった真伝の日本武術は危険な技法を多く含むため、学んだ者がその技を悪用して他者を傷つけ、不要な闘争を引き起こしたとすれば教えた指導者にも責任の一端がある。

金銭を払えば誰にでも教えるというものではなく、学ぶ生徒の人間性を判断してから初めて技法の指導に入ったのだった。そして長年正式に学んだ弟子の中からわずかに選ばれた者に、その流派の奥伝が授けられた。

日本武術は長い年月の中で主に武人たちによって練磨され、時代を経て礼法を伴い体系化された。そして、武士の心構え、礼法が整理され、次第に武士の行うべき規範が儒教を柱として確立されていく。この武士の規範はのちに「武士道」と呼ばれることになる。

十七世紀初頭までの日本は長く戦乱の中にあり、戦いを生業《なりわい》とする武士は常に生死の境目にいた。また武士は自身の誇りと家名を守ることを第一とし、己の誇りを守るためには命を懸けて戦うという特性があった。

では武士の「己の誇りを守るためには命を懸けて戦う」という特性とは実際にどのようなものであったのだろうか。

江戸中期から後期の旗本で勘定奉行であった根岸肥前守鎮衛《やすもり》の随筆『耳袋』には以下のような実話

がある。

ある御徒組《おかちぐみ》の武士が槍と槍で果たし合いをした。一方が長槍で相手を突き刺すと、槍は相手の武士の胸板を貫通した。だが、胸を貫通された武士は自分の槍を捨て、右手で刀を抜き、左手で槍の柄をたぐりながら近づき相手を斬ろうとした。突き刺した方は気を呑まれ、危うく斬られそうになったが、見物人の声に寸前で我に返り、持っていた槍を放して斬られずに済んだという。

また無住心剣流の印可を得た井鳥巨雲《いとりきょうん》が創始し、現代まで熊本県に伝承されている雲弘《うんこう》流剣術には次のような逸話がある。

雲弘流の剣士が槍の達人と果し合いをした際、達人の槍は剣士の腹の真ん中を深々と貫いた。だが、剣士は腹に槍が突き刺さったまま手元まで走り込み、一撃で槍の達人を斬り伏せた。そして二人は共に斃れたという。

武士同士が不意の闘争となった場合、剣術が不得意で敗れて死んだとしても、刀の柄に手がかかっていれば不名誉とはされず、「家」の後継ぎが認められ、その「家」は残された。だが、背を向けて逃走した場合、生き残ったとしても武士の姿にあらずと糾弾され、役職を解任され、切腹や家を潰されるという重い処分が下された。

幕末の思想家・横井小楠《しょうなん》は、西郷隆盛と共に「天下で恐ろしいものを二人みた」と勝海舟を感嘆させたほどの人物であり、坂本龍馬もその明晰な論調と人物に深く傾倒し、私淑した。小楠は自身の開国論を憎む刺客集団に襲われた際、辛くも脱出したが、同席した一人は死亡、もう一人は重傷を負った。

そのため、小楠はその行為を「士道忘却」と非難され、熊本藩より士籍剥奪、知行召し上げの処分を受けた。士籍を剥奪されることは武士の身分から町人に落とされることであり、武士にとって、ある意味切腹以上の重い処分であった。

言わば職業軍人という存在である武士に、不意に複数で白刃をもって襲撃されたならば、虎口を脱して命を長らえただけでもその危機回避能力は称賛すべきものだが、武士の世界の概念は非常に厳しいものだった。

小楠の場合は非礼ではなく思想の相違によるものだが、武士は無意味な争いを生じさせないためにも戦う技としての武術だけでなく、互いの誇りを尊重する厳しい作法を身に付けることが心得とされたのだった。

武士の子供は少年期から真剣の刀を腰に差した。刀は武士の魂とされたので、刀に対するいかなる無礼も持ち主に対する侮辱と見なされた。例え故意ではなかろうと床に置かれた刀を不注意でまたぐだけで、持ち主に対する大変な無礼とされた。

「武士道」が確立された江戸時代において、武士が刀を腰に帯びる際は特例を除き、大刀と脇差の二振りの刀を必ず左腰に差した。これは当時の政府である江戸幕府によって武士の規律として定められていた。

この際、二振りとも刃を上に向けて腰に帯びる。これは瞬時に刀を腰から抜き放つ際、左手で鞘を捻って刃を外側に向け、右手で斬り付けた時に敵に刀の刃が向きやすいようにするためだった。

武士の子は左利きとして生まれても、徹底的に右利きに直された。そのため通常の武士の作法として、必ず刀は左腰に差し、左腰から右手で刀を抜いた。

他人の家に入る時は刀を腰から外して右手に提げた。これは刀を抜く右手に刀を持つことで、相手に刀を抜かないことを示し、すなわち害意がないことを表すための作法であった。

座る時は大刀を腰に差さず、自分の右横、もしくは後方に置き、相手に刀を抜かない意を示した。「自分の刀の柄に右手をかける」という行為は剣術の刀を抜く動作であり、戦いの意を表すものでもあった。そのため「右手で柄に触れない」という相手への配慮である作法は非常に厳格だった。

仕える主君の御前において、かがんだ時に腰に差した脇差が鞘から抜けそうになり、その刀を戻そうとして、柄に右手を触れただけで近習《きんじゅ》に斬られてしまった者がいたという。

刀の鞘からわずかでも刃を見せることや柄に手をかけることは、いわば拳銃の銃口を相手に向け、引き金に指をかけることと同じ意味を持ち、相手へ攻撃の意思があると見なされたのだ。

そのため刀を手に提げて持つ時は、鞘から抜けないように必ず親指で鍔を上から抑えるように持った。旅の時は刀が鞘から抜けないようにするため、「柄袋」を柄と鍔にかぶせて柄と鞘を固定して歩行した。

ヨーロッパの剣では鍔は刃から手を守るためのものだが、日本の剣では戦闘時の護拳のためだけでなく、鞘から刃が見えないようにする重要な役割を持ったのだ。

また刀を置く時や相手に渡す時は、刀の刃の部分を自分に向けるように配慮した。例え鞘に刀が納まっていて刃が見えていない状態でも、相手に刀の先端（切先）や刃の部分を向けるのは無礼とされた。

このような礼節を伴う作法を守っていたとしても、相手が礼法、作法を逆手にとって不意に攻撃をしてくることもあった。そのため、武士は戦場だけでなく日常生活においても、不意の攻撃を想定して油断してはならなかった。

旅先の屋内で入浴するときは、脱いだ衣服で刀を包んで傍らに置いたり、髷に小柄《こづか》を差して隠し持つこともあった。宮本武蔵は入浴すると刀を帯びることができないため生涯風呂に入らず、敵が現れてもすぐに察知できるように庭などの広い場所で水を浴びたという。

こうした常に戦場にいるような油断しない心構えが武士の心得とされたのだった。

武蔵円明流剣術第五代・岡本勘兵衛は、

「およそ武術を志す者は少しの油断もあってはならない。もし、拙者に油断を見つけたならば、この木刀で遠慮なく撃つがよい」

と常に門人たちに語り、一振りの木刀を自宅の座敷に置いていた。

某日、門人の一人が勘兵衛宅を訪ねたところ、勘兵衛自ら庭で草むしりをしていた。門人が件の木刀を携えて庭に出てみると、勘兵衛はこちらに背を向けたまま、しゃがんで夢中で草をとっている。その背に向かって門人が撃ち掛かると勘兵衛は瞬時に体をかわし、腰に差していた草刈り鎌をとって応じたという。

勘兵衛には多くの門人がいたが、その中に「岡門の八剣士」といわれる優れた八人がいた。

勘兵衛がその中の一人、松井満雄に剣法秘訣を授けたところ、八剣士の一人であった藤田順蔵はこれを不服として譲らず、ついに松井と真剣による果し合いを行うこととなった。

果し合いの前日、藤田順蔵は深夜遅くに勘兵衛宅を訪れ、師への面会を求めた。勘兵衛が無造作に無手のまま出ようとするので、妻は心配して刀を持つことをすすめたが、

「順蔵に何ができるか」

と笑って出ていった。

門を出た瞬間、順蔵が即座に勘兵衛目がけて斬り込んできたが、勘兵衛は白刃をかわして手元に付け入り、右手で順蔵の鼻柱をつかんでねじ上げ、

「この鼻が高いから授けなかったのだ」

と言ったという。

勘兵衛はその後何事もなかったかのように順蔵の不法を責めなかったので順蔵は深く恥じ、改心して修行に励んだ末に極意を極めたという。

不意の闘争のために武士は決して油断しない心構えを持つと共に、剣術技法としては礼をしている時、座った状態や利き腕を使えない状態の時のように、自分が不利な体勢でも相手を制する実戦的な技法を鍛錬した。

例えば日本剣術に伝わる「居合術」という技法は、相手に対して刀を構えず、鞘の中に刀を納めた状態から戦う剣術の技法である。

世界各地の通常の剣の戦いでは、互いに剣を抜いて戦うが、居合術は「剣を鞘に納めた状態から戦

う」という、日本剣術のみに伝わる特殊な技法といえるだろう。

居合術は不意の攻撃に対応する護身の技法でもあるが、相手の攻撃を察知した時には瞬時に機先を制して相手を斬る。

このように古来より伝わる日本剣術には武士道としての礼節を重んじる中で、勝つために、生き残るための技術が確立されており、闘争の技法でありながら精神性と実戦性の二面性があるのが非常に興味深い。

剣の精神性による武士の気構え

居合道家に、

「居合とは、人に斬られず人斬らず　おのれを責めて、平らかな道」

というものがある。

人に斬られず、そして自分も相手を斬らないためには、最初から相手に刀を抜かせないことだ。そのためには常に謙虚な言動をし、和を築く生き方を心がけなければならない、という意である。

このように武士には平素から争いを未然に防ぐための言動が必要とされた。それでもなお、仕掛けられたときは一撃のもとに敵を倒す。その気構えこそが武士の心得であった。

柳生新陰流開祖・柳生宗矩《やぎゅうむねのり》は「殺人剣即活人剣」を説いている。人を倒す剣術がどうして人を活かす術になり得るのだろうか。

柳生宗矩の『兵法家伝書』には次のようなことが書かれている。


「もし、一人の悪によって万人が苦しむことがあるとする。そのとき、一人の悪を殺して万人を活かす。これはまことに、人を殺すのは、人を活かす剣となるのではあるまいか。兵法（剣術）は人を斬るとばかり思うのはひが事である。人を殺すのではなく、悪を殺すのであり、一人の悪を殺して万人を活かすはかりごとなのだ。」


それではいかに善悪を判断するのだろう。

剣法秘訣に「水月《すいげつ》の位《くらい》」という教えがある。

心を水面にたとえ、心に揺らめきがあれば水面にさざ波がたち、水面に映った月も揺らめく。心が無心であれば水面は動かず、明るく月を写す。戦いにおいては相手の意を即座に移しとり、瞬時に応答することとなる。

これを剣の戦いだけでなく平素において用いるならば、心を無心、不動心として「観る」ということである。

「無心」とは何も思わないのではなく、雑念、邪念を払うこと。また、「不動心」は心が動かないのではなく、様々なことに心が動いても、ものに心を留めず揺らがない。その心をもってただ「観て」、そして善悪、物事を判断するということだ。

吸毛の剣と玉簾不断

武士の心得を平素より心がけていたとしても、人間は神仏でなければ完璧でもない。不覚をとらないために武士たちはどうしたのだろうか。

一刀流には「吸毛《すいもう》ノ剣《けん》」という言葉がある。

吸毛剣とは水滸伝の英雄の一人である楊志《ようし》の愛剣で、抜いた剣に髪の毛を吹き掛けると、刃に触れた毛は瞬時に寸断されたという。

吸毛ノ剣について一刀流伝書の『天地神明之次第』では、

「毛を吹きかければ瞬時に寸断する名剣も、使ったならばすぐに磨かなければならない」と記している。

実戦では一瞬の集中力の欠如、体動のわずかな遅れが勝敗を分け、生死を決する。優れた刀も磨かなければ錆びてしまうように、心と技も磨き続けねば錆びつき不覚をとる。心技の錬磨の重要さを説いている。

一方、無外流剣術では「玉簾不断《ぎょくれんふだん》」という剣法秘訣がある。これは技法面だけでなく、武人の心構えの意でもあった。

玉簾不断の玉簾とは水の玉の簾《すだれ》、すなわち滝のこと。

美しく力強い滝は連なる一滴一滴の水玉から成り立ち、絶えることがない　絶え間ない小さな努力の積み重ねにより大願も叶う。

また、流れ落ちる水と同じように、努力は留めることができない。絶え間ない日々の鍛錬が大切である。

これらの教えは、武士道という厳しい掟と共に生きる人々が、日々を歩む中で心に刻んでいたものなのだろう。

武士の日常における心得と作法

①武士の歩行

江戸期の士農工商、全ての人々は現代人のように腕と足を交互に振って歩くことはなかった。これは明治以降に西洋式の歩行法が伝えられて日本にも根付いたものである。

士農工商でそれぞれ歩き方が違うが、武士が歩くときは右手右足、左手左足を揃えて動いた。この動作を「南蛮《なんばん》」という。

田畑を鍬で耕す、網を引く、薪を割るというような動作のときは、右手右足、もしくは左手左足を前に出して行ったほうが動きやすい。このことから分かるように、この「南蛮」の動きは日本民族に古来より根付いたものだった。

剣術や体術等の日本古武術も右手右足、左手左足を揃えて動く動作が主体となるが、このような民族に長く根付いた習慣的動作を武術の体動と一致させることにより、その動きは力と速さを兼ね備えた滑らかで自然なものとなる。

前述したように武士は必ず右利きとなり左腰に刀を差す。これには重要な意味があった。江戸期において、武士、庶民、車（荷車、牛車）はすべて左側通行であった。

刀は古来より武士の魂とされたので、歩行中や戦の行軍中でも鞘と鞘がぶつかるだけで決闘の原因となった。これを「鞘当て」という。

もし、武士が右腰に刀を差して歩行したならば、道は全て左側通行なので街中や戦の行軍中に鞘と鞘がぶつかる「鞘当て」が多くなり、決闘が続々と始まってしまう。そのため、武士の子は左利きとして生まれても徹底的に右利きに直されたのだった。

また武士の左側通行にはもう一つの意味があった。

武士は徒歩、騎乗のいずれでも他人が左後方から近づくのを嫌った。刀を左腰に差して右手で抜くので、左横や左後方から攻撃されると、右手で左腰の刀を抜き打ちにすることが困難になるからだ。そのため、武士は左側通行により左側からの攻撃を封じるようにしたのだった。

そして戦場で日本刀の抜身を持って動く時には大事な武士の心得があった。

右手の刀を、手首を右横に曲げて刃を外側に向けて持ち、右肩に担ぐように刀の棟を押し付ける。右脇をしっかり締め、刀身を斜め四十五度ほどに保つようにする。この持ち方によって、転倒した時に自分の腹を刺したり、手や脚を切ったりすることを防ぎ、前方、後方の人間を傷つけないようにしたのだ。

鍛えられ、研ぎ上げられた日本刀は異様とも思える程に鋭利なものであるため、抜き身の持ち方を間違えれば自分だけでなく周囲の人間をも容易に傷つけることになる。

戦場では抜き身を下げていては切先を地面に当てて折ることがあり、真剣は重いので下げっ放しでは腕が疲れて斬り合いの時に不利なる。戦場で駆ける時はこの抜き身の持ち方で、一様に右手で刀を持ち、右肩に担ぐようにして走った。

これは、戦場で各自がバラバラに刀を持って走っては周囲の味方を自分が持った刀で傷つけてしまう恐れがあったからである。

また、追跡する時の心得として、追う敵が抜き打ちに右手で刀を横、後方に払う危険があるので、右後ろ、真後ろから近づくことは避け、必ず左後方から仕掛けるようにした。

戦場を駆ける武士

②他家に入る際

武士の世界では左利きは認められなかったので、全ての武士は右利きであり、左腰に刀を差して右手で抜くのが作法であった。

武士が他家に入る際は土間で大刀を右手で鞘ごと抜いて右手に提げる。これは刀を抜く右手に刀を持つことで害意がないことを表す作法である。

草履は脱いだら向きを変え、かかとを後ろにして揃えておく。もし異変が起きて屋外へ飛び出すとき、そのまますぐに履くことができるようにという心構えである。草履の向きを変えておかなければ、体を半回転させなければ履くことができない。どんな異変が生じても、履物をはかずに裸足で外に飛び出してしまうと、慌てふためいていると言われ恥となるからであった。

③座礼の心得

入室する際は部屋に入る前に襖や障子の敷居際で座して礼をする。

怪しい気配を感じた時は座礼をした際、ひそかに扇子を襖の敷居の溝に入れて置いた。部屋に入った時に不意打ちで襖を左右から閉められて体を挟まれるのを防ぐためである。

また、武士は怪しい場所に入るときは致命傷を受ける頭から入らず、必ず足から入るのが心得だった。

座る時は畳の縁が三つ角になった場所に座る。畳の縁の部分は非常に固くできており、床下から槍や刀で突き刺しても容易に貫くことができない。

用心しているときはこの三角にさり気なく座ったが、時と場所によって使い分けなければならなかった。なぜなら三つ角に座ることは自分の警戒心を相手に見せることになるため、礼法では非礼とされたのだ。

入室して正座するとき、右手に提げた刀は刃を自分の体側に向けて右横に置く。これは刀を抜く右手側に刀を置くことで敵意がないことを示すものである。

刀を置くときは鍔を右膝頭外側に触れるようにする。これは後方から刀を奪い取られぬための用心である。

礼をした時、対談中や酒杯を受けた時、鍔を膝に密着させておけば刀がわずかに動いても敵が刀に触れたことが分かる。異変を察したら鍔を右膝で押さえるようにすれば、もし後方から鞘だけ抜き取られても刀身を手元に残すことができる。

己の右横に刀を置き、刃を自分側に向けるのは、左手でも刀を抜かない意を示す。

刀の刃を内側に向けて置くと、日本刀は反りがあるので非常に抜きにくくなる。例え左手で刀を抜いたとしても刃が相手に瞬時に向かない。だが逆に刃を外側に向けて置くだけで、抜刀、斬り付けが格段に容易になる。

また例え鞘に入った状態でも刃の側を他者に向けるのは無礼とされたので、自身に向けて置いたのだ。このため居合術の特殊な技法では不意の闘争に備えて、刃を内側に向けて置いた刀を、対面する相手に気づかれないように刃を外側に向けて置き換えてから、左手で斬り付ける技法がある。

正座をして礼をするときは、左手から先に出し、左右の人差し指、親指の指先を合わせ両手で三角形を作るようにする。この三角形の中央に鼻先を近づけて一礼する。両肘は張ってわずかに浮かせておく。そして右手から膝に戻す。

武士が通常刀を抜くときは左手で鞘を掴み、左親指で鯉口を切る。その左手を先につくことで鯉口を切る意がないこと、すなわち害意ないことを相手に示すのである。

戦国時代には礼をすると見せかけ右手を先につけ、左手で鯉口を切って刀を抜き、相手に斬り付けることはよく行われた。そのため、自分の主家（殿様）の前で、右手を先に付けて礼をして無礼打ちにされた家来がいたという。

左右の手で三角形を作るのは礼をした際、不意に背後から抑えつけられて地に鼻を押し付けられ、呼吸ができなくなるのを防ぐ用心である。両肘を張ってわずかに浮かせることで体が崩れにくくなり、平伏した状態からでも手を力の起点として瞬時に動くことができる。

また、左手から先に床につけることによって、相対する者に己の利き腕を取らせないようにしたのだ。武士は右利きであり、相手を刀、当身などで倒すための自分の最大の武器である右利き腕を大事とする用心であった。

豊臣秀吉が行った朝鮮出兵の際、朝鮮で虎に襲われた武士が左腕を虎に咬ませたまま、右腕で刀を抜き、刺し殺したという逸話が残っている。

戦国時代は上意打ちが頻繁にあり、同じ家中の者と互いに訪問した際でも決して油断はできなかった。武士の作法は相手に敬意を表し、害意がないことを示すと同時に、相手の不意打ちに対する用心の心構えをもつ、実戦と礼節の二面性のあるものであった。

通常の行動の際はともかく、家を訪問した時の用心の作法の数々は現代人の感覚からすると奇異に感じられるかもしれない。現代の感覚では不意打ちを用心しなければならない相手の家には、通常互いに行き来しないからだ。

これは武士の世界に「上意討ち」という主命があったことが大きいと思われる。

「上意討ち」は主君の命を受けて罪人を討つことだが、主君から上意討ちを命じられた者はその対象が親族、友人、同輩、部下のような近しい存在でも討ち果たさねばならなかった。

一方で上意討ちの対象となった者は、両者にいかなる身分差があっても、刃向かって返り討ちにすることが許された。むしろ、武士の世界では戦わずに討たれることは「不心得者」とされてしまい、死後も武士の姿にあらずと糾弾された者は、その家に厳しい処分がなされた。

このように武士は苛烈ともいえる環境の中で生きるうえで、いかなる時でも立ち居振る舞いに武士としての礼節を用いる一方、実戦としての用心を忘れなかったのである。

これは相対する者への不信ではなく武士としての心構えであり、非難されるものではなかった。

④会話時のたしなみ

親しい間柄でも武士の作法は非常に厳格であった。

後述する「近江屋事件」において中岡慎太郎が坂本龍馬と共に襲撃された時、中岡は佩刀を背後の屏風の後ろに置いていた。これは対座する龍馬に対する配慮であった。

通常、武士が他家で入室するときは刀を利き腕の右手に提げて入るか、玄関で家の者に刀を預けた。

これは刀を用いない意を表し、訪ねる相手に害意がないことを示した。また、武士の魂である自分の刀を預けることは訪ねる相手へ敬意をはらう作法でもあった。

大政奉還後、龍馬が内戦を否定するハト派であったのに対し、中岡は内戦によって旧幕府側を武力討伐しなければならないという強い意志を持つタカ派であった。

中岡が屏風の後ろに刀を置いたのは、例え今後の指針において龍馬と意見が衝突しても、決して刀を抜かないという意思の表れであり、また龍馬への気遣いと敬意であったのだろう。

このことは後の襲撃時において中岡にとって大きな不利となるが、武士の行動則は単なる用心のみではなかった。行動の中に礼節と実戦が共存しており、時と状況によって使い分けられた。

この行動からも、剛直ながら中岡の真摯な人柄と龍馬との信頼関係が窺える。

また、あまり知られていないことだが、武士同士の会話の際には例え親しい間柄であろうと相手の実名を呼んではならなかった。武士の世界で実名は通常使用されるものではなかった。

武士や貴族の子は生誕後、幼児である期間につけられる「幼名《ようみよう》」という名を授かり、十三〜十五歳で元服（現代で成人になること）するときに実名――「諱《いみな》」を授かる。

例えば坂本龍馬の「龍馬」は通称であり、実名は「直柔《なおなり》」である。通常の生活においては実名を用いず、「字《あざな》」と呼ばれる通称を用いた。

実名（諱）で呼びかけることは親や主君などのみに許され、それ以外の人間が実名で呼びかけることは極めて無礼であると考えられた。

これはある人物の本名はその人物の霊的な人格と強く結びついたものであり、その名を口にするとその霊的人格を支配することができると考えられたためである。このような慣習は「実名敬避俗《じつめいけいひぞく》」と呼ばれる。

江戸時代まで、武士、貴族から庶民にいたる全ての階層において、言葉は「言魂《ことだま》」として、現実世界に影響を及ぼすものとして非常に重要視されていた。

武士が普段用いる通称（字）は、坂本龍馬、島田虎之助、望月亀弥多《かめやた》、上田馬之助のように龍や虎、馬など干支や動物からくるものが少なくない。

これは死に接することの多い武士が神獣や動物の生命力、霊的な力の加護を求めて名付けたと言われている。

⑤不測の事態では

武士は当時の階層である「士農工商」の頂点に立ち、他の階層から模範となるべく存在とされたので、雷雨などの悪天候の中でも走ってはならなかった。走るという行為は江戸時代においては見苦しいとされたためであった。

走る行為が許されたのは主君や藩、家族に非常な事態が起こった時だけであり、不用意に走ることは時に厳しく罰せられた。

特に城内で走ることは禁忌とされ、江戸城の廊下を走っただけで切腹させられた武士がいたという。武士が殿中で着用した長袴は異様なほど裾が長く、この長袴をはくと足に裾が絡みついて素早く動くことができない。これは殿中で走れないようにするためであり、また斬り合いが発生した際には、長袴によって双方の動きを抑制するためであった。

武士が雨の中を歩くときは袖や手拭いで大小の柄を覆い隠して歩いた。これは雨で柄が濡れることによって斬り合いの時に柄を握る手が滑ったり、刀身に雨水が染み込んで、柄糸の下の鮫皮《さめかわ》がふやけないようにするためだった。

柄を強固にする鮫皮は乾燥している固い状態では刃も通さぬほど丈夫だが、水分を吸ってふやけると容易に刃物で斬れるようになるからだ。

道や廊下の角を曲がる時は待ち伏せの敵を用心し、大回りすることも武士の心得の一つだった。この曲がり方は一瞬立ち止まり、その位置で右、もしくは左に体を回して向きを変えてから歩き出すという曲がり方をした。

武士はいつでも主君の命や応召に駆け付けられるようには通常は外泊をせず、勤め以外ではほとんど外出をしなかった。突然であろうと主君の命に遅れて駆け付けることは武士の恥とされたからである。

そのため、夜間に外出することもあまりなかったが、夜間、家に入る際は門の脇の木戸「くぐり（潜り）門」から入った。この「くぐり門」は武士の家に入るものが容易に刀を抜けないように低く作られており、身を屈めて潜る（くぐる）ように入るのでこの名がある。

この門を抜ける側は非常に危険な体勢なので、門を抜けた時の頭上からの攻撃に備え、通る際は大刀を鞘ごと抜き、鯉口を切って左手で頭上にかざし、右手を空けて瞬時に抜刀できる構えで用心深く戸外の気配を窺いながら通り抜けるのが武士の心得とされた。斬り込まれた時は鞘ごと受けてから抜刀し、相手を斬るのである。

⑥厠では

厠（雪隠）、すなわちトイレである。武士が大小を帯刀したまま不浄な厠に入ることはなく、出掛ける前に済ませておくものとされた。

厠に入る時は厠の入り口の廊下には刀掛けがあるので、通常はそこに刀を預けて丸腰で入室した。しかし、多少でも危険と思われる厠に入る場合、丸腰で入って敵に斬られたりすると、「士道不覚悟」といわれ、嘲笑されることになった。

幕末などの危険な時代には他家で厠に入る場合、脇差は外に掛け、大刀は右手に柄を持ち、右肩に銃のように担いで用を足した。抜刀したいときは右手を上に伸ばせば、鞘は後ろに抜け落ちる。この時、当然、鯉口は切っておいて肩に担ぐ。

このように武士の用心は家の中でもあった。武士の家屋の廊下には曲がり角ごとに花を活けた竹筒がある。いざというとき筒の水を敵の顔にかけ、活けた花の枝で目を突く。明治の世になっても、道の角を曲がったところを槍で突かれるということが実際にあったという。

旅での心得

明治維新以前、日本は統一国家ではなく、各国に入国するには通行手形がなければならなかった。多くの人間は旅などできず、生涯他国を訪れないまま一生を終えるのが一般的であった。その中で武士は藩や幕府の職務、武者修行として生国を出ることのできる稀な存在であった。

だが、一方で国ごとに文化、言葉、法も違い、危険も多く、旅は決して気楽に行えることではなかった。武者修行においては他流試合に勝つことで遺恨を買い、命を狙われることも少なくなかった。

旅の就寝時の用心として、部屋の中央あたりの鴨居に油紙を吊るした。油紙は光を通さないので現代のカーテンのような役割をした。部屋内部が見えなければ、中の者が眠っているか、待ち伏せしているか分からないため、刺客は迂闊に襲撃することができない。

また、油紙は紙質がガサついているので手や武器が触れると音を立てる。夜間、敵が油紙に触れた音で侵入を察知するのである。

寝る時は右胸を下にして横になって眠る。人間の正面は眼球、鼻、心臓、金的等の人体の急所が集まっている。これらを斬らせないようにするためであり、また右胸を下に寝ることで武士の利き腕である右腕を護って眠った。この際、すぐ立ち上がれるように、何時も左足をかがめ、右足を延ばす。

枕元には短刀（脇差）を置き、大刀は脇に置く。帯は基本的に解かないが、敵のない吉時に解いたとすれば枕の右下に敷いておく。

特に用心する時は短刀（脇差）の下げ緒を腰帯に抜き通しておいた。夜中に襲撃された時、真っ暗な闇の中でも武器を見失わずに、すぐに手にすることができるからだ。

宿の者が布団を敷いた後、夜眠るときに布団の場所を変えておいた。これは刺客が手練《てだ》れの場合、宿の者が布団を引く場所を事前に調べておいて、そこを目がけて闇討ちを仕掛けてくることがあるからだった。

酒席において杯などを差し出されたら、親指を深く曲げて両手を前に出して杯を受ける。不意に杯の酒を顔に浴びせられぬように顔をうつむけておく。酒が熱いと目潰しになり、不覚をとることになるからだった。

柔術には「指捕り」という、相手のいずれか一本の指を捕って逆に捻り、動きを封じる技がある。親指を深く曲げておくのは逆手に捕られて関節を決められぬようにするためであり、座る時も両手の親指を深く曲げて腿の上に置いて座った。

敵の急襲に遭い、刀や脇差が間に合わない時は、手許にある煙管《きせる》や茶碗、座布団など周りにある生活用品の器物で対処する。

護身用の煙管には相手に打ち込めるように通常より太く頑丈なものを用いた。このような煙管を「喧嘩煙管」という。

茶碗は敵に投げつけるだけでなく、中の茶を顔に浴びせて目潰しとした。座布団は思いのほかに頑丈であり、刀を払い除ける際にも用いられた。

他流試合で勝ち誇って油断していると、逆恨みから飲食物に毒を盛られたり、多勢による闇討ちを仕掛けられることがあった。

安土桃山時代に剣豪と称された一羽流開祖・諸岡一羽《いっぱ》には岩間小熊、根岸兎角《とかく》という二人の高弟がいたが、兎角は一羽が病に倒れると突如出奔して江戸で微塵流剣術を名乗り、多くの弟子を集めた。兄弟弟子であった小熊は師を見捨てた兎角の行為に義憤し、一羽の最期を看取った後に兎角と果し合いをするために自らも江戸に赴いた。

果し合いに見事勝利した小熊は兎角の門弟たちからその技を称賛され、指南を請われてその地の宿に泊まることになった。

だが門弟たちは、小熊が風呂に入ると浴室に閉じ込め、熱気で朦朧となったところを斬り込んだ。裸身で浴室を飛び出した小熊だったが、奮戦するも無腰でもあり、ついに多くの白刃を浴びて惨殺された。

このような卑怯とも言うべき不意打ちにも不覚をとらないために、常在戦場の気構えと平素からの不断の用心が心得とされたのだ。

何よりの秘訣は遺恨を買わないことであり、ただ強いだけでなく、礼節と相手の面子を潰さない気配りが武士には必要だった。

だが、武士として日時を定めて決闘（果し合い）を行う場合は、他国のことであるので決闘に勝った後、複数から闇討ちを仕掛けられることを考えておいた。

手槍、手裏剣、目潰し、鎖武器等の多人数想定の武器を揃えておく、脱出経路を確保しておくなど、戦略を練っておくのも武士の心得であった。

刀の下げ緒の使用法

刀の鞘に巻きつけられている「下げ緒」は単なる装飾ではなく様々な用途があった。下げ緒の用途を知り、使いこなせるようにすることも心得の一つであった。

下げ緒の本来の用途は、戦闘時に大刀と脇差の下げ緒を腰帯に絡めて結んでおき、鞘が腰から抜け落ちないようにすることにあった。

下げ緒の他の使用法には以下のようなものがある。

〈旅枕〉

旅においては日中の疲労から眠りが深くなる。大刀と脇差の鞘を下げ緒で結び、下げ緒を横一文字に肩甲骨の下に敷いて、刀を両脇に置いて眠る。

敵が刀を盗もうとすれば、下げ緒が動いて肩甲骨から察知することができる。また、火事や地震等の異変の際は立ち上がって首に下げ緒を掛けて、体の前に両刀を吊り下げたまま脱出し、帯を締めなおしてから両刀を腰に差す。

〈縄張り〉

旅先では寝込みを襲撃されるのが最も危険であった。用心のために下げ緒を入口の柱や壁の両側に結び、通路に低く張ったうえで就寝する。敵が入口から侵入した場合、暗闇に低く張ってある下げ緒は見えない。足を引っかけて転倒したところを斬る。

〈血止め〉

戦場での戦いや果し合いの後、傷口からの出血による失血死を防がなければならなかった。応急処置として下げ緒で傷と心臓部の間を縛っておき、負傷した時の血止めにした。

〈捕縄〉

敵を捕縛するとき縛り上げるのに使用した。敵を柔術で抑えて縄で縛り上げる技法は「捕縄術」といい、現在でも伝承されている流派がある。

〈襷《たすき》〉

日常での和装は筒袖ではないため、袂や袖が思いのほか戦いでの動きの妨げとなる。不意の戦いや決闘の際、袂や袖が邪魔にならないように素早く襷をかける。懐や袂に襷紐がない時は下げ緒を解いて代用とした。

〈釣り刀〉

特に忍びの者のように諜報活動を行った者が使ったという。刀を鞘のまま塀に立てかけ、下げ緒を口にくわえて鍔に片足を掛けて踏み台として塀上に登る。その後、下げ緒で下の刀を釣り上げて手許に取る。忍びの者は反りのほとんどない直刀の刀身に、「忍び刀」という、角鍔で頑丈な拵えの特殊な外装の刀を用いたと伝えられている。

〈特殊な使用法――「円明流剣術夜居合」〉

江戸時代までは当然ながら電灯などないので、夜間は屋内、屋外で真の闇になることがあった。暗闇の中を進む時、左手に柄を握り、右手で下げ緒を持ち、刀身上部に鞘を引っかけるようにして鞘で闇中を探りながら進む。鞘が敵に触れた場合、下げ緒を引いて鞘を戻し、鞘から刀を抜いて相手を突き刺す。円明流では立った体勢と膝立ちの体勢で行う上夜居合、中夜居合の二つがある　この技法は細かい点に相違はあるが、他流では「座さぐり」という名で伝わっている。

下げ緒は様々な使い方をするために長いものの方が便利であった。

この下げ緒を通す鞘の箇所を「栗形」という。そして鞘の栗形付近の両脇には「小柄」と「笄《こうがい》」を納める櫃がある。小柄は物を切ったり、削るのに使用する、いわば携帯用ナイフであった。一方、笄は髷を整えたり、頭皮をかくのに使われた。

刀鍔の左右にはこの笄と小柄を通す、笄櫃と小柄櫃という二つの孔がある。この二つの孔を使って下げ緒を刃の方から通し、輪にして柄の棟の方で結ぶ。右手首を刃の方からこの輪に通し、柄を握って適当な寸法にする。

これは大勢の敵と斬りあう時に刀が手から離れて取り落としたり、跳ね飛ばされたりするのを防ぐため、手と柄をしっかりと下げ緒で巻き付けて結ぶ「手貫緒《てぬきお》」という法である。

また、小柄と笄は切腹の介錯時に使うことがあった。切腹者が乱心して立ち上がれないように、左右の袴の裾を小柄と笄でひそかに畳に縫い付けるという方法が伝えられている。

騎乗での戦い

士農工商の階層において公に馬に乗ることができたのは武士だけだった。常日頃、戦が始まった時に備えて馬術を磨くのも武士の心得であった。

現代では馬の乗り降りは馬の左側から行う。だが、武士の作法では馬の右側から乗り降りした。武士は左腰に大小二振りの刀を差しているので、左側からの動作は刀が邪魔なって困難になるからだ。

通常、大小の刀を腰に差す場合は刃を上にする。だが刀は反りがあるため、馬に乗る場合は通常の差し方だと大刀の鞘の鐺が馬の背に当たって傷つけてしまう。

そのため、通常とは逆に刃を下にして太刀のように帯びるようにする。これを「天神差し」という。

馬上の剣術と槍術は片手突き、片手斬りである。敵味方双方の馬の速度が加算され、斬撃刺突の力は増加するので、刀でも槍でも片手突き、片手斬りで威力は充分であった。

騎乗による戦闘が主であった鎌倉期の太刀の刀身は長寸で反りが深く、片手で振りやすいように茎は短めになっている。そして刺突効果を高めるために、切先は鋭く、小さい。馬上からの片手斬り、片手突きに最も適した形に工夫されている。

武士が騎馬同士で行き合った際、相手に敬意をはらう場合は先に道を譲り、相手とすれ違う側の鐙《あぶみ》から足を外した。これは「片鐙を外す」という作法である。鐙から足を外すと足が不安定になるため、騎馬で不意に攻撃することが困難になる。

この鐙から片足を外す行為によって敵意がないことを示すと共に、相手への敬意を表す武士の騎乗の作法であった。

馬を走らせると風に吹かれて袂が乱れて見苦しくなる。心得のある者は手頃な石を左右の袂に落としておき、石の重みで袂が乱れないようにして美しい騎乗姿とした。

また、石を大き目のものにすれば背後から組み付かれた時、敵の頭部に振り当てることができた。これを「袂落とし」という。

戦場での斬り合いの心得

『雑兵物語』という古書に白兵戦について次のような記述がある。

「刀を抜いて敵の手足を狙って切りめされい。真甲をぶてば、なまくらものは、なべつるのやうになるべい」

合戦場で具足を着た敵の手足を狙って斬り付けよ。真向（兜の正面）を打てば鈍刀は鍋のつるのように曲がってしまうぞ

具足武者に刀で斬り付けた場合、兜と鎧で護られた頭、首、肩、胴は斬るのが難しい。腕の上は袖小手で、脛は脛当てで護られている。顔は面頬《めんぼう》で覆われ、喉元は面頬の垂で護られている。これに鈍刀で斬り付けた場合、刃が毀れるか曲がるかである。

そのため、戦国期には鎧、兜に斬りこんでも容易に破損しない実戦用の重ねの厚い頑丈な刀が造られた。

一方、このような鎧を着用した戦闘において、実戦用の剣術では裏小手（手首の内側、血脈を斬る）、頸動脈、コメカミ、脇下、眼球、膝関節、心臓部等の急所を斬る、突く、斬撃する技法が使われた。

これは複数と斬り合う時の心得でもあり、複数の敵と戦う時は自身の刀を損傷させないために、前述のような箇所を狙って戦い、長い戦いになっても刀をもたせるのが武士の心得であった。

武士の三つの実戦

無住心剣流の開祖・針ケ谷夕雲は剣術を用いる場は三つしかないと書き残している。

一つは戦場での戦い。二つに主命による上意討ち（決闘）。三つに不意に起こる喧嘩斬り合い。この三つのどれにおいて相打ちになろうと決して残念でもなく、恥でもないと。

また、夕雲の佩刀は長寸で重ねが厚い豪壮なものながら全て刃引きされていたという。

門人がその理由を問うと、

「相手が一人の時なら構わないが、多勢と戦った場合、刃があると刃が欠けた時に敵の衣服に刀身が引っ掛かり動きを封じられる。ゆえに敢えて刃引きをしておき、相手の肉、骨ごと叩き潰すのだ」

と答えたという。

夕雲は平和な江戸中期の武士ではなく、江戸幕府開闢前の一五九〇年代に生まれた、戦場での戦いを知る武士であった。一生のうち他流との真剣試合は五十二度にも及び、無敗を誇ったという人物だけにその言葉には重みがある。

実際の武士の闘争は夕雲が語り残した「三つの戦い」が間違いないであろう。

多数の敵との乱戦である戦国時代の戦場では、平素に帯びる刀より刃長が長大な「野太刀」という刀が用いられた。また、刀より間合いの遠い、槍、薙刀も多く使用された。戦国期、弓、馬、剣、槍術は「兵法の四門」といわれ、武士は平素よりこの四つの技を磨くことが心得であった。

また決闘においては、決められた場所、時間で行うため、足は草履や下駄ではなく足首まで結び固められた草鞋《わらじ》であり、袴も通常のスカート状の行灯《あんどん》袴ではなく、馬乗りなどに使用されるズボン状の野袴や裾の締まった軽参袴を使用した。

ただし、平服の時に不意に決闘を挑まれた場合は、すぐさま羽織、草履（下駄）は脱ぎ捨て、袴の裾は足に絡まないように腰帯に挟んで「股立ち」をとり、刀の下げ緒を解いて襷をかけた。

着物の袖は刀を振る時に、思いのほか、刀の柄がひっかかるので動作の妨げになって不覚をとりかねない。ある古武術の流派では、袂に携えた紐で即座に連結した二つの輪を作り、襷とする法が伝わっている。

町奉行の同心たちも普段は羽織、袴だが、捕り物に向かう際は麻裏の鎖帷子《かたびら》を着込んで股引きをはき、白い胴締めに白襷、白の鉢巻きに紺

『鼠小紋東君新形』（早稲田大学図書館蔵）

の足袋に草鞋履きという姿だった。

戦場での長槍や大長刀（薙刀）、鉄砲による戦いに対し、日本刀が武士の時代に最も使用されたのが江戸時代後期の幕末である。

日常生活で大小二振りの刀を帯刀し、草履（もしくは下駄）、袴という平時の服装から路上において突発的に発生する闘争である。これは夕雲のいう「喧嘩斬り合い」に分類されるであろうが、これこそ決闘や戦場の戦いとは全く違う、準備なく突如始まる別次元の実戦であった。

幕末の倒幕派と佐幕派の武士の斬り合いのように、このような不意の闘争で勝つには道場における剣術技法だけでなく、武士としての心得が必要不可欠であり、それが生き残るための重要な要因となった。

近代戦場での刀による戦い

山本流居合術と根岸流手裏剣術の宗家であり、日中戦争に従軍した成瀬関次の著書に『実戦刀譚』という本がある。

日本刀が近代の戦場でどのように使われたかを記した興味深い書だが、近代においても戦場と平時では大きな違いがあり、その際に使用すべき刀においても記述している。

日中戦争での中国奥部における戦闘では匪賊《ひぞく》との闘いが頻繁であり、その際、敵との白兵戦では日本刀（軍刀）が多く使用されたという。

この際、刃先が剃刀のように刃先が薄く、鋭すぎる刀は、刃が鉄兜や胴体に巻いてある弾薬や持つ小銃に当たり、容易に欠けてしまうため、肉厚の蛤刃《はまぐりば》のような頑丈な刀身が重宝されたという。

幕末の実戦においても、相手は着物の下に鎖帷子を着込み、額に鉄製の鉢鉄《はちがね》を巻き、顔には鉄面《かなめん》を当てていることがあった。この場合、巻き藁や罪人の体への試し斬りとは全く勝手が異なり、鋭利な薄刃の刃では防御具に当たった際に容易に刃毀れや、刃まくれが生じてしまった。実戦の刀には鉄や鎖に斬り込んでも刃毀れしない堅牢さが必要だった。

前述したような、甲冑を着用した場合の剣法では、眼球、喉、脇下、膝関節等の鎧の隙間を狙う技があるが、多くの武士がこのような高度な技法を戦場で使いこなせた訳ではない。

戦場では遠い間合いから攻撃できる長槍を使用したであろうし、長大な刀を使うにしても「斬る」というより、夕雲のいうように骨、肉を叩き潰すという「斬撃」するという技法の方が主体であったはずだ。

その場合、刀は斬撃した際の衝撃で折れず、曲がらない重ねの厚い頑丈な刀のほうがよかったのだ。

一見細身にも見える日本刀だが、鈍刀ではない優れた日本刀は斬れ味だけでなく、その頑丈さも外見上よりはるかに強靭だ。

幕末期の嘉永六年（一八五三）三月二十四日、信州の名工、山浦真雄の鍛えた刀が松代藩での試刀会において、鉄板や鹿角を切断した記録が残っている。

明治十九年（一八八六）十一月十日には、明治天皇の行幸による天覧試合で直心影流の榊原健吉が、明珍作の兜を切り口三寸五分、深さ五分斬り込み、御下賜金を賜った。

　また現代においては大戦中、「陸軍受命刀匠」に認定された刀匠たちがいた。この受命刀匠とは、軍の定めた厳しいテストに合格した者（物）にしか任命されず、打卸刀身を軍へ納める際には、幅十ミリ、厚さ一ミリほどの鉄板を両断することが常とされていた。

　筆者はモスクワの世界博物館の資料庫に日本人で初めて入室した際、中世のヨーロッパで実際に使用された本物の西洋甲冑を間近に見たことがある。

　日本の鎧と違い全身が鉄板で覆われており、ほとんど隙間がなかった。このような鎧に対しては接合部を狙う剣技は難しくなる。だが、首、膝、手首、肘などの関節部分は鉄板が厚くては動作が不自由になるので、薄い鉄板で造られていた。その箇所を重ねの厚い日本刀で斬りこめば十分に打ち倒すことは可能であると思えた。

　特に首の部分を厚い鉄板で覆っていては騎乗、徒歩のどちらの戦闘においても首を回すのが不自由になり、視界が狭くなって不利になる。鉄板の薄い首の箇所を袈裟斬りや横斬りで斬撃して倒すことは可能であっただろう。

　戦場で使用する刀ならば、日常で腰に差す刀とは違い、重ねが厚く頑丈で刃の長い刀を用意するなど、状況に応じて使用する刀を選別するのも武士には必要なことだった。

刀への武士の心得

武士が帯びる刀――「日本刀」といっても様々なものがあった。一六一四年の大坂夏の陣により戦乱の時代が終わり、一六一五年に江戸幕府が開かれると、寛永期の島原の乱（一六三七年）以降は鳥羽伏見の戦い（一八六八年）まで、実に約二百三十年もの間、戦のない平穏な時代が続いた。

武士の別称が「二本差し」と言われるように装束として大小二振りの刀を腰に帯びることは武士の規律として定められていた。

だが戦のない時代が続き、元禄期のように文化が華やかになり、武士、町人の生活に潤いが出てくると、武士の世界にも華美な風潮を好む者がでるようになった。

腰に帯びる刀は重過ぎないように刀身の身幅は細く、重ねは薄めにし、刃紋は華やかで優美な姿の刀を好む者も少なくなかった。

鍔や、柄、鞘等の拵え（外装）にも華美な風は及び、鍔、縁、頭、鐺には花鳥風月などの凝った絵が施され、純銀や金銀象嵌がふんだんに使われ、その豪奢さを競った。

この傾向は元禄期だけでなく、幕末にも旗本、御家人の次男、三男は豪奢な拵えの刀を差し、江戸の街を闊歩したという。

しかし、華奢な刀は斬り合いで折れてしまう可能性が高く、豪奢で堅牢さに欠ける拵えは、実戦では破損の危険性があった。心得のある武士は不覚をとらないために決してこのような刀、拵えを選ばなかった。

特に実用刀としての刀の「柄」は斬撃の威力を高める。激しい斬り合いでも破損しないように、太目で長い堅牢なものを選ぶことが重要であった。

また、使用される金具は、造りの強固な鉄、銅の柄金具や鉄鍔が使われた。堅牢な金具は外装の破損を防いだが、金、銀などを使用した金具は華やかで芸術性は高いものの強度に劣るためである。

鍔は日本伝統の工芸品として芸術性の高い素晴らしいものが少なくない。だが、銀製や銅製の鍔は斬り合いの衝撃で容易に割れてしまう可能性が高く、鍔による護拳の意味を成さなかった。

幕末期の武士の写真を多く見ると、その武士が帯びた刀からだけでなく、鍔や柄等、刀の拵えからもその人物の心得を窺えるのが興味深い。

この本でも坂本龍馬、高杉晋作の持つ刀の拵えを見ることができるが、いずれも堅牢な外装から動乱の世に生きた武士たちの各々の心得を知ることができる。

無手での戦い

「武芸十八般」と言われるように、武士は戦場でのあらゆる戦いを想定し、不覚をとらないために様々な技法を体得しておくのも心得であった。

多人数が乱戦する戦場では、一般的に野太刀、槍、長巻などの長柄の武器が有利である。戦闘中、槍の穂先のある先端部分を斬り落とされたら棒術として戦い、その棒が戦いでさらに斬られて破損すれば、長さによって杖術、半棒術、短棒術の技法で戦い、または腰に差した脇差や短刀を抜いて小太刀術、短刀術を用いた。

自らの武器を破損した場合でも、戦えずに不覚を取ったのであれば心得不足からの恥とされたのだ。そして戦場、もしくは戦場外での戦いにおいては無手による体術も会得していた。

武士の学んだ体術には柔術、拳法（骨法、強法など、様々な呼び名がある）があるが、主に柔術が一般的だった。

武士は常に大小二振りの刀を腰に帯びていたので、武士の行う柔術（体術）では帯刀したままでも受け身がとれなければならなかった。横に受け身をとる場合は大小刀を胸に抱き込むように立てにして、前後の受け身は大刀を体の前にまわし移し、真横水平になるようにする。

戦場では鎧を着用した多数の敵との戦いになるため、組み打ちだけでは組んだ時に横や背後からの敵に斬られてしまう。そのために、相手が複数で鎧を着ていても倒すことができる強烈な当身技法をもつ体術が開発された。

では、実際に日本の当身拳法の体術技法はどのようなものであったのだろうか。

甲斐国（山梨県）に伝えられた拳法（体術）、剣術、抜刀術、手裏剣術を伝承する武術がある。

練気法と外功法を一致させた特殊な鍛錬によって、拳、掌、肘などによる一撃必倒の当身殺法の技法を磨き、修練により五寸釘を掌で杉板に打ち込むことができるようになる。これは相手が甲冑を着ていても、甲冑の上から打撃の威力を内部に浸透させて倒す術で「透し当て」という技法である。

筆者は平成十年、日本古武術に秘かに伝わる当身技法を証明するために、この「透し当て」の技を初めて公の場で行い、五寸釘を掌で杉板に打ち込んだ。

当時七十歳であった先代宗家は鎧甲冑を着用した相手に肘の当身を行った。この際、当身を受けた相手は後方に弾け飛び、演武後に確認すると、当身を受けた鉄製の鎧の腹部の箇所が大きくへこんでいた。この人物は戦後間もないころ、東京で米軍兵による日本人への目に余る暴れ振りに義憤し、体術の当身を用いて複数の米軍兵を倒してＭＰから追われた人物である。

また、先々代宗家は戦中、海軍兵学校である江田島学校で武術師範を務めた人物であった。ある日、当時地方に進出し、指導に訪れていた講道館柔道五段の師範に戦いを挑まれた。この時、柔道家が掴もうとする手を捌き、肘の当身の一撃で失神させたという。

ここで述べたいのはどちらの方が強い、優れているというような愚論ではない。武士が無手でも戦うための心得として学んだ実戦的な武術が、現代まで脈々と伝えられているという事実である。

武士の覚悟

①兜と旗

戦国時代の兜は勇壮、長大、威風なものが多く、多数の兵が入り乱れる戦場において、名乗らずとも自らを現し得る象徴であった。例え死して首を取られたとしても、兜は首と共に残るので入念に作

銀箔押鯰尾形兜

らせたのだった。

徳川家康の家臣、矢田作十郎は武勇の士として知られ、その勇猛さから矢田のかぶる銀鯉の前立てを付けた兜を見るだけで敵方は畏怖した。

阿部忠政もまた家康の家臣であり、新進気鋭の若武者であった。

阿部は矢田の武勇にあやかり、一度だけ銀鯉の兜を借り受けたいと矢田に頼んだが、一言のもとに断られた。その理由は、

「兜を貸せというからには生きて帰って兜を返すつもりなのか。私は合戦に出て、生きて帰ろうと思ったことはない」

というものであった。

その言葉に深く恥じた阿部が即座に詫びたところ、矢田は快く兜を貸した。

合戦が終わった後日、阿部は兜を返しに行ったが、矢田は決して受け取らなかったという。

右の写真は戦国期の武将が実際に用いた鉄地鯰尾形兜のレプリカである。鯰は古来より地震を起こす魚と信じられ、「地を震わす」の意から武士の武具に図柄として用いられた。戦国期の猛将、堀秀政はこの独特の兜に銀を被せていたという。長大な姿で白銀に輝く兜は、戦場で勇壮な姿を見せたで

あろう。

　戦場で甲冑を付けた武士が背中に差した旗竿を「旗指物」という。

　徳川家康の家臣、戸田半兵衛重元の旗指物は「野晒し」と呼ばれる髑髏《どくろ》を描いたものであった。新選組局長、近藤勇の稽古衣の背中には髑髏の縫い取りが入っている。

　なぜ武士は、不気味であり、死を連想させるこの図柄を背負ったのだろう。

　これは戦場で見た相手に恐怖を抱かせる意味合いもあったと思われるが、常に死を厭わない武士の覚悟を現した図柄であった。また、己が髑髏になるまで戦い、相手を髑髏にするという、戦いにおける気構えを現すものであった。

②切腹

　切腹は「ハラキリ」という名称で世界に衝撃を与えた武士の作法である。

　切腹の装束はテレビや映画の時代劇のような純白の裃ではなく浅黄色無紋の麻裃と決まっていた。白の裃は切腹用

野晒し（髑髏）の指物

近藤勇の稽古着（小島資料館蔵）

ではなく葬式用である。これは純白の布であると切腹の際、白地に鮮血が飛び散り、あまりにも無惨な印象であるからという。心得のある武士の家には必ず一揃いの切腹用裃が用意してあった。

武士はいつ、いかなる場合にどのような理由であろうと、切腹を申し渡されたならば、決して動揺することなく潔く受けねばならなかった。

切腹を申し渡された場合「承りました。謹んでお受け致します。衣服を改めますゆえ、しばしお待ち頂きますよう」と平素と変わらず落ち着いて答え、屋敷から常に用意してある切腹用裃を届けさせるのが武士の心得とされた。

切腹を申し渡されてから用意するのは恥とされ、人々に「武士の風上におけぬ心得のないお人だ」と嘲笑されたという。

これは主君への盲目的服従や命の軽視ではなく、武士の概念として例えそれが理不尽な理由であろうと、最期まで揺らぐことなく潔く死すことができるかを誇りとしたのだ。

しかし、長く泰平の世が続き、武士の身分も世襲となれば、全ての武士に気骨があり、見事に腹が切れた訳ではなかった。

平穏な江戸時代中期には切腹自体も形式的なものとなり、四方（四つ孔のある三方）に短刀でなく扇子を置き、その扇子に手をかけようとした瞬間に介錯人が首を落とす「扇腹」（扇子腹）といわれるようなことも行われた。

だが、武士の最後の時代である幕末において古の武士の気風は復活した。多くの幕末の武士にとって、大志を抱く者は古の武士と同様に畳の上で死ぬことはむしろふがいない死であり、望むべき最期と思われなかった。

坂本龍馬の同志で沢村惣之丞という海援隊士がいる。沢村は龍馬を伴って土佐藩を脱藩し、神戸海軍操練所、海援隊（亀山社中）と、龍馬の死まで長く行動を共にし、海援隊では中心人物の一人として活躍した。

勝海舟、山岡鉄舟らと共に「江戸幕府の三本柱」と称された大久保一翁（若年寄・会計総裁）は、沢村と面会した際、「龍馬と並ぶ具現の士」と評している。

慶應四年（一八六八）一月十四日、鳥羽伏見の戦いにより無人となっていた長崎奉行所を海援隊は占拠した。その夜、奉行所を警備していた沢村は、酔って暴れていた不審者を薩摩藩士と知らずに射殺してしまう。

土佐藩と薩摩藩との間に軋轢を生じさせないため、薩摩藩側の制止にもかかわらず沢村は責任をとって切腹する道を選ぶ。

一月二十五日、惣之丞は切腹の直前、

「男子たるもの布団の上で呻吟して薬鍋と組打ちするより、この方が往生際がよいぞ」

と豪快に笑って見事に腹を切ったという。享年二十六歳。のちに贈正五位。

かつて武士の家では、子弟に幼少期のうちに必ず切腹の作法を教えていた。筆者は古流武術の修行の中で、武士の作法として切腹の方法の伝授を受けたことがある。

四方に白布を敷き、短刀を置く。四方の前に座したのち、上衣を脱いでもろ肌となり、上衣の袖を膝の下に敷く。これは切腹の苦痛で後方にのけぞって倒れぬための用心である。

短刀（もしくは脇差）を白布で覆い右手に持つ。腹の肉は柔らかいため、そのまま刃を突き刺しても刃先がよじれて真っ直ぐ入らないことがある。右手で切先を左腹に突き刺す前に、左手で突き刺す箇所の左横を抑え、手を横に引くことで皮膚を伸ばす。そして刃を右外側に向けて一気に突き刺し、そこから右横水平に掻き切る。そして介錯がいない場合は、首に短刀の刃を向け、右首筋の頸動脈に刃を滑らすように一気に突き斬るのだ。

これは筆者が師から伝えられた作法であった。では実際の切腹の作法とはどのようなものであったのだろうか。

幕末、維新期の英国外交官、アルジャーノン・ミットフォードの著書『昔の日本の物語』（『旧日本の物語』）には、日本で武士（備前岡山藩士・滝善三郎）の切腹に立ち会う場面が記述されており、新渡戸稲造の『武士道』にその内容が収録されている。少々長いが切腹の実際を知る貴重な記録なので引用したい。

再度の一礼ののち、善三郎は麻の裃を帯元まで脱ぎ下げ、上半身を露わにした。慣例どおり、注意深く彼は両袖を膝の下に敷き込み、仰向けに倒れることのないようにした。身分のある日本の武人は前に伏して死ぬべきものとされていたからである。

彼はおもむろに前に置かれた短刀をしっかりとした手付きで取り上げた。ひととき、彼はそれをさもいとおしい物であるかのように眺めた。最期のときのために、彼はしばらくの間、考えを集中しているように見えた。

やがて善三郎はその短刀で左の腹を深く突き刺して、次いでゆっくりと右に引き廻し、そこで刃の向きをかえてやや上方へ切り上げた。

この凄まじくも痛ましき動作の間、彼は顔の筋一つ動かさなかった。彼は短刀を引き抜き、前にかがんで首を差し伸べた。苦痛の表情が初めて彼の顔を横切ったが、少しも音声に現れなかった。この時まで側にうずくまって彼の一挙一動を身じろぎもせず見つめていた「介錯」が、やおら立ち上り、一瞬、空中に剣を構えた。

一閃、重々しくあたりの空気を引き裂くような音、どうとばかりに倒れる響き。一撃の下に首と胴体はたちまち切り離れた。

堂内寂として声なく、ただ、我々の目前にある、もはや生命を失った肉体から迸り出る血の凄まじい音が聞こえるだけであった。

切腹の際に首を斬り落とす「介錯」は止めを刺す行為ではなく、切腹した者を苦痛から解き放つ武士の情けだった。そのため、介錯する人間には手練れが選ばれ、親族や弟子等、自分の信頼する人物に依頼することも行われた。

武士の刑罰として切腹と斬首は全く違った。斬首は縛り上げられたうえで地べたに座らされて首を斬られたが、切腹は清浄な衣服を身に着け、正式な作法によって行われた。どんな罪であろうと切腹に臨む者には敬意がはらわれた。

切腹は単なる死罪ではなく、武士にとって名誉ある死とされたのだ。

自らの最期の時に、武士の持つべき死を厭わない不屈の精神を示し、己の勇気を証明し得る場であった。死の恐怖と痛みに立ち向かって、いかに見事に腹を切って死ぬかを美徳としたのだ。

だが、それは決して命を軽んじることではなかった。武士道において死に値しないことのために死ぬことは厳しく戒められており、「生きるべき時に生き、死ぬべき時に死ぬ」ことが大事とされた。真の名誉とは自らの天命を成就することだったのだ。

元岡山藩士・儒学者熊沢蕃山《ばんざん》は幕政を批判したとされ、晩年まで蟄居謹慎という逆境の中で生き続けた。苦境の中で蕃山は次のような歌を詠んだ。

憂き事のなほこの上に積もれかし限りある身の力ためさん

辛いことがこの身に降り掛かるなら降り掛かれ。限りある身だけれど、自分の持てる限りの力で、どこまで出来るか試してみようではないか。

蕃山の思想は幕末の志士たちに多大な影響を与え、後にそれは討幕、明治維新への原動力となった。明治四十三年（一九一〇）、その功績から正四位が贈呈された。

「武士道」において特に大事なものは「義」と「勇」であり、流されずに正義を守る勇気を持つ者こそが真の武士なのであった。

宮本武蔵における武士道の覚悟「巌の身」

「巌の身」は剣聖・宮本武蔵が創流した二天一流剣術の極意である。

武蔵は巌の身を、

「我が身を山の端より突出した大岩石の如く成し、強く大きな揺るぎのない無心の境地」

と述べる。

そして巌の身で戦う秘訣とは、

「揺らがない強き身で、岩石が当たる如く無心に先を取り攻める心をもって、形をカラリとして敵に向かう」

これが即ち「巌の身」であると記している。

また平素においても「不動心」と「不動身」の一体化により、戦う時と変わらぬ心と体を常として生活することを説いている。これは武蔵の武士道における心構えと言えるだろう。

巌の身は兵法における実戦上の極意であるが、武士道としての「巌の身」とはどんなものであったのだろうか。

ある時、熊本藩主細川光尚が武蔵に「巌の身」の境地について尋ねた。武蔵曰く、

「事に臨んで申し上げねば現すのが難しい境地なので、ここに寺尾求馬助《もとめのすけ》（武蔵の高弟）を召し出さ

れましたならば即座にご覧にいれましょう」

　召し出された求馬助に武蔵は、

「求馬助、ただ今御前より汝に切腹の仰せ付けがあった。さよう心得、支度致せ」

と申し渡した。求馬助は、

「謹んで御受け致し、御次ぎを拝借つかまつります」

と答え、全く顔色を変えることなく隣室で切腹の準備をした。

　求馬助がまさに腹を切ろうとした瞬間、武蔵が、

「求馬助、切腹を見合わせよ」

と制止すると、求馬助は何事もなかったかのように短刀を置いて静かに控えた。

　その様子は平素と変わらず、終始落ち着いていて態度に少しの乱れもなかった。

　武蔵は、

「求馬助の常に自若として覚悟した心意、これがすなわち、巌の身でございます」

と言上した。細川光尚は大いに感心したという。

　武士にとって感情を表に出すことは男らしくないと考えられた。ゆえに武士道においては、たとえ理不尽なことであろうと不平不満を表さない、不屈の「勇気」を持つ修行がなされた。

　一方では、自己の悲しみや苦しみを外面に現して、他者の心を動揺させないように努めることを「礼」の教訓としたのだった。

武士の心得を体現した人物——大東流合気柔術・武田惣角

このように武士の習慣としての覚悟と用心深さは現代人から想像できないほど徹底した厳しいものであった。また、それこそが戦を生業とする武士の心得とされ、武士の家に生まれた者は幼少期から徹底的な教育をなされた。

さて、ここで武士の心得の具体的体現者の一人として武田惣角《そうかく》という人物に注目してみたい。

惣角は幕末、明治、大正、昭和に生きた武術家であった。江戸末期に会津藩に生まれ、合気道の母体となった大東流合気柔術（大東流柔術）の指導者として日本全国を教授したことで知られている。

武田惣角

惣角は幕末から昭和期まで生き、多くの門人を養成し、現代武道界に多くの影響を与えた。その門人の中には、合気道創始者の植芝盛平氏をはじめ、昭和後期まで存命されていた人物も少なくない。

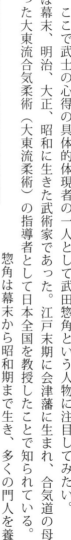

よって彼らの語る武田惣角の逸話は武士文化の考証の大きな資料となる。

惣角は安政六年（一八五九）、会津藩士・武田惣吉の次男として生まれた。惣吉は戊辰戦争の会津若松の戦いでは力士団を率いて砲手として戦った人物であり、また優れた剣術家でもあった。

惣角は大東流柔術だけでなく、武士の表芸として小野派一刀流、直心影流、鏡心明智流等の剣術を学んだ一流の剣客であり、明治の時代に入っても東京で榊原健吉の内弟子となり、会津から東京、大阪、九州、沖縄まで武者修行をしていた。

明治初期は戊辰戦争終結から間もなく、幕末の遺恨からの殺傷事件も頻繁であり、大久保利通、大村益次郎、横井小楠等、明治政府の要人が相次いで暗殺された。

幕末の殺伐とした気風を色濃く残したその時代において、全国で武者修行をして生き抜いた惣角は現代人とは全く違う、武士の用心さを日常生活の習慣とした武道家であった。

惣角の逸話は資料として活字で伝えられている武士の用心と心得を、より具体的に現代人に知らしめてくれる。

武田惣角の用心

惣角が合気道創始者植芝盛平を訪ねた際、臨席した門人の話が残されている。

門前で自分の名前を名乗った惣角は屋内に招き入れられると、次々に屋敷内の部屋の襖を開けて確認していき、出されたお茶は飲まなかった。これは毒を盛られるのを用心したためである。お茶を飲む際は自分が持ち歩いている茶葉を使わせて目の前でお茶を入れさせ、その様子を鋭い目で注意深く見ていたという。

また、夜寝る際には何度も寝る場所を変えていた。昭和期において現代人からは異様とも見られる惣角の習慣について、門人が植芝に問うと「あれほどの武術家になると用心も尋常ではないが、常人ではとても神経がもたないだろう」と答えた。

また惣角の子息、武田時宗の談話によれば自分の門人以外の者が何を出しても絶対に食べず、相手が毒見をしたら食べたという。

昭和期の最高峰の剣術家であった高野佐三郎を時宗と訪ねた時も出された菓子を食べなかった。高野家を辞去する際、高野に「若先生、先にどうぞ」と言われ、時宗が高野の前を歩いて部屋を出て帰宅すると、惣角から「後ろから抱き付かれて刺されたらどうするのだ」と激しく怒られた。時宗が「まさか高野先生が」と言うと、「まさか、まさかと言って皆殺されている。それが分からないなら帰れ」と散々に叱責されたという。

晩年にも、惣角が屋敷の縁側でうたた寝をしていたので、風邪をひいてはと時宗が揺り起こそうとすると、瞬時に目を覚ました惣角は懐に忍ばせていた短刀で時宗の手を刺した。惣角はすぐに抜けるように手拭いでくるんだ抜身の短刀を常に懐に持っていたという。

惣角は明治期においても角を曲がった途端に槍で突かれたことがあったという。そのような経験をしてきた惣角からすれば当然の用心だったのかもしれないが、昭和の時代に惣角の数々の言動は相当奇異な振る舞いとして認識されたようだ。

惣角の場合、猜疑心が強いという一面も正直感じざるを得ないが、本来の武士としての用心は相手に不審感を常にもつことではなく、周囲への気の配りと常在戦場の心構えであった。

異様とも見られた惣角の用心深さだが、武術を鍊磨する江戸期の武士からすれば、日常における用心自体は特殊なことではなかった。むしろ用心なく不覚をとる者は命を失うか、「さて、心得のない人よ」と嘲笑の対象になった。

武田惣角が大東流合気柔術の伝授において、最初に渡す巻物である「大東流合気柔術初伝目録」には技法だけでなく様々な「心得」について記している。

惣角は幕末の会津に生まれ、少年期に凄惨な会津戦争を目の当たりにしていた。

また、維新後間もない東京に赴き、直心影流の榊原健吉のもとで修行した後は、幕末の殺伐とした気風を残す全国各地で武者修行を行っている。これらの心得は惣角が自分の実戦での経験や、武士であった先師たちからの教えを記したものであろう。

非常に実践性があり、武士の様々な場面での心得を知る上でも興味深い。

武術家としての心得――『大東流合気柔術初伝目録　常則』

「山坂勝負の時」
我下方　相手上方に置く（相手と接近の場合）
我上方　相手下方の位置（間隔があれば）

「日中勝負の時」
太陽の光線強き日中（夕日の射光）　我必ず光を背後に受ける
「雨中勝負の時」
我　風上　風雨を背後に受け、刀は上段に構える
「月夜勝負の時」
我　月影　相手を月に向かわしむ
我　姿を薄く相手を明かに現わしむる
「闇夜の勝負の時」
我　身を低く　暗き中にも暗き方動かず
我　息を殺して耳を働かして、相手息遣い足音を知る
「家内の勝負」
我　壁を背後　鴨居、柱に注意　襖、障子を後にとることは危険

「多勢の勝負の時」
我　多勢の敵、我を取巻いた時、地形を利用、隙に乗じて弱き方を破る
「船中勝負の時」
我　片膝立ての姿勢で戦う
「旅宿の勝負の時」
我　宿の内外様子、客間、廊下、風呂、便所、庭、非常口、総て調べ置く
「火事盗賊等不意の出来事の勝負の時」
我　落付き動作を誤る事なし　貴重品の置き場所、人寝静まりたる後場所を変える
「煙中勝負の時」
我　煙強く相手の姿見えず、煙に咽ぶ時地に伏す　地上五寸以下は煙なし
煙中で動くは煙波を生ぜしむる
「戸口出入りの心得」
怪しき家の戸口（入る）心を静め内の様子を窺う　決して頭より入るべからず

一端戸を開き、間を置く　片足を出してみる　怪しきものなきをたしかめる

武田惣角は晩年まで全国各地で門人を指導し、その門人は全国において三万人といわれ、その人名は「英名録」という門人帳において現在でもその詳細を知ることができる。

特出すべきは門人たちの当時の社会的地位の高さであろう。海軍大将竹下勇をはじめ多くの陸、海軍の軍人だけでなく裁判官、警察官僚が名を連ねている。明治期の警察官は格式が高く、士族でなければ採用されなかった。

また、晩年の昭和に入ってからも大阪朝日新聞社において指導にあたり、昭和十六年には大阪朝日新聞社庶務部長・久琢磨《ひさたくま》氏に免許皆伝の免状を授けている。

武田惣角は維新後、長く賊軍として冷遇された会津藩出身であり、武士の家に生まれながら学問嫌いでほとんど字が書けなかったという人物であった。当時の社会的身分からも現在とは比較にならないほどの権力をもつ地位にあった上級軍人、財界人、政治家、官僚が師事し、門人として署名したのは稀有なことである。

このことから惣角の武術家としての実力はもとより、当時の社会的認識として、武術の価値、評価が非常に高かったことを窺い知ることができる。

武士の心得としての居合術

居合道の理念では、居合とは鞘の中に刀を納め、相手に攻撃の意思がなければ自ら刀を抜かず、相手の攻撃、殺気を察知した時に初めて刀を抜き、瞬時に相手を制するものとされる。

古来、剣術流派の多くは剣と居合を同時に学ぶことが常であった。

だが江戸期に入り泰平の世になると、剣術は竹刀の打ち合いによるスポーツ化した流派も少なくなく、剣と共に居合術を修めるという武士の心得が薄れた。

居合というと試合のない形だけのものと捉えられがちだが、実は実戦の場において非常に実用的な技法であった。

試合や果し合いであれば、立会人や審判がいて双方が剣を抜いてから勝負が始まる。だが実戦においては剣を抜いた状態からは実力があったとしても、突発的に戦いが始まった場合や不意に攻撃された時に、刀を瞬時に抜刀して戦う技法がなければ刀を抜く前に斬られてしまう可能性が高く、圧倒的に不利だからだ。

武士の闘争においては西洋のガンマンの決闘のような一対一の「果し合い」が全てではなかった。

武士の概念として主命に服することが第一とされたので、主命による「上意打ち」で暗殺のような命が下されても従わなければならなかった。

また上意討ちでは策略的な「不意打ち」や、対象者に複数で挑むことも許されていた。

対象者は理不尽な理由でも討ち果たされてしまったら公の場で申し開く機会を失うことになる。生き延びるためには、不意打ちや複数による襲撃に対しても対処できる剣技や、無手でも戦える体術の会得、そして何よりも平素における不断の用心が必要だったのだ。

居合術の中には礼をしている最中や、歩きながら抜刀して斬る技法がある。このような平素の状態から瞬時に斬る技法は、不意に襲われた時には身を護る技として非常に有効であるだけでなく、使い方次第で効果的な暗殺術の技法ともなる。

幕末の居合術の遣い手として、「人斬り彦斎《げんさい》」と言われた河上彦斎がいる。彦斎が学んだ剣の流派は定かでないが、彦斎は独特の居合術を編み出して体得していたという。

河上彦斎

彦斎は元治元年（一八六四）、その剣技をもって洋学の大家・佐久間象山を暗殺している。強硬な尊王攘夷派の立場から、洋学者であり開国派であった象山を斬ったのだ。

短身痩躯で容貌は女性のようであり、平生は礼儀正しく、学識豊かで温和な人物であったという。

今も残る彦斎の写真を見ると、高下駄を履きながらも安定した自然な立ち姿、目付け、柔らかく鍔元に置かれた手から一流の遣い手であったことが窺える。

新選組による暗殺事件「油小路事件」

武士による暗殺事件の具体的な資料の時代として、江戸時代の幕末期を挙げてみたい。幕末期は感覚的に思っている以上に実は現代に近い。

当時の写真、手紙や文書類の記録も多く残っており、武士の行動則を知る上での資料として大変適している。

幕末期に新選組に暗殺された人物で、新選組参謀、のちに御陵衛士隊長となった伊東甲子太郎《かしたろう》がいる。

伊東は北辰一刀流免許皆伝、新選組入隊前は江戸で道場を開いていた。師の伊東誠一郎（北辰一刀流開祖千葉周作の門人）が病死すると、師の遺言と門弟一同の推挙により、師の娘うめを娶り道場を継いでいる。また、新選組入隊後に即座に最高幹部である参謀の地位についたことからも、剣技、人望共に相当な人物であったのだろう。

また、伊東は第二章の坂本龍馬暗殺事件にも関わってくる人物である。

伊東と交流があり、新選組が屯所としていた西本願寺の寺侍、西村兼文の「新撰組始末記」によれば、伊東は暗殺事件の直前に龍馬の滞在する近江屋を訪れ、新選組か見廻組による襲撃の危険を予測し、龍馬と中岡に至急土佐藩邸へ避難するように忠告している。

また、伊東が暗殺された「油小路事件」で伊東に止めを刺したと言われる新選組隊士・大石鍬次郎《くわじろう》は、のちに明治二年の兵部省（のちの陸軍省）及び刑部省（のちの司法省）の取り調べにおいて、龍馬暗殺事件の重要な供述を残すことになる。伊東もまた龍馬と不思議な縁があると言わざるを得ない。

純正の勤王派であった伊東は、急進的な佐幕派の局長近藤勇、副長土方歳三とは思想、立場から相容れず、同志を連れて脱退する。だが、慶應三年十一月十八日、龍馬殺害のわずか三日後、京都の油小路で新選組によって暗殺された。

近藤勇宅での酒宴に呼ばれた帰り道に物陰から不意に槍で首を突かれ、瀕死の重傷を負いながらも応戦したが落命したのである。

そして、この日は京都霊山《りょうぜん》で龍馬の葬儀が行われた日であり、何か因縁めいたものを感じる。酒に酔っていたとしても新選組の幹部として一流の剣客であった伊東にしてもこのような最期であった。この事件は剣術の試合と多様な実戦との大きな違いを如実に示している。

居合術には四方に対して瞬時に鞘から抜刀して横や背後を斬る、突く、敵の刃を受け流す、または抜刀してから複数の敵に対して斬って突く、という技法が存在する。

剣を抜いて向かい合った状態から一対一で行う通常の戦いだけを考えれば、一見不可解な動作に見えるかもしれない。だが、伊東が殺害された時のような事例を考えると、納刀した状態から瞬時に抜刀して四方の敵に対応する居合術が、不意打ちに対していかに合理的な技法であるかが分かる。

一説によれば伊東が近藤勇宅に招かれた際、同志は暗殺の危険から行くのを止めたが、伊東は近藤派に勤王を説くと言って出かけていったといわれる。

近藤宅への訪問を反対する同志たちに、

「彼（近藤勇）が礼を以て招いているのに応じないのは非礼である。彼に害心はないだろうかと怖れて行かぬのは卑怯である。我らは勤王のために上洛したが、誤って新選組に入ったために嫌疑を受け、十分に力を尽くすことができず口惜しいばかりであった。しかし、今、志は成就しようとしている。彼らからの招きを機会として、彼らを説諭すべきである。彼らがこれを聴かずに自分に危害が加えられたときは、同志の力を合わせて朝廷に忠誠を尽くしてくれ。」（三十一人会発行「幕末史研究」所収。清水隆「加納鷲雄」）

と言い残して出掛けていったと伝えられている。

この覚悟の言葉からも、持論に酔い、近藤勇を侮って招きに応じたのではなく、決死の覚悟で出掛けていったのだろう。伊東ほどの剣客であれば当然居合術も修めていたはずであるが、酒に酔う以上に持論で近藤派を納得させたという満足感と自負心が心に油断を呼んだのだろうか。

伊東には慶應三年十月十四日の大政奉還の直後に書いたと思われる建白書がある。その中で伊東は話し合いによる挙国一致による実現が重要であるとしている。内戦を避けて穏便に政権を武家（幕府）から公家（朝廷）に移すという王政復古派であり、これは坂本龍馬や勝海舟とほぼ同じ思想だった。

新選組関連では悪者にされがちな伊東だが、幕府の勢力が傾いてから討幕派の薩長寄りに変節したのではなく、元来一貫した勤王家であった。

元治元年（一八六四）九月、北辰一刀流のかつての寄弟子（同門の兄弟弟子から預かった門人）であり、新選組八番隊組頭となっていた藤堂平助の紹介で伊東と近藤は会うことになる。この会談において、近藤は伊東の人物と識見に惚れ込み、熱心に新選組への加入を求めたという。

同年十月十五日、伊東はのちに新選組より分派して御陵衛士の同志となる、篠原泰之進、三木三郎らと江戸を発ち、十一月初めに壬生村の新選組屯所に到着した。

京に入った伊東は屯所へ赴くに先立ち、皇居を遥拝し、次のような歌を詠んだという。

ちりひじの
　身はいかにせむ
今日よりは
皇宮居の守ともがな

取るに足らないこの身をどうしたらよいのだろうか
今日より皇宮居を御守りしたいものだ

「皇宮居の守ともがな」の箇所は伊東と彼の同志たちの勤王の志を明らかに示すものだろう。

伊東と篠原は、慶應二年（一八六六）正月二十八日、新選組局長・近藤勇の広島出張に随行している。

篠原の手記には、

「伊東及び余、此地に滞留殆ど五十余日、頻に徳川の悪政を討論す」（「新選組史録」平尾道雄）

とあり、また、同行した近藤、副長助勤・尾形俊太郎の動静に全く触れていない。

新選組の全盛期とも言うべきこの頃に「徳川の悪政を討論す」と記していることからも、既にのちの新選組脱隊及び御陵衛士（高台寺党）結成の兆しがあったことが窺える。

新選組は京の治安維持を目的とする幕府の武装警察的組織であったが、中心となった近藤勇、土方歳三、沖田総司、永倉新八、原田左之助、藤堂平助といった試衛館一派も元来は尊王攘夷派であった。

幕末当時、アメリカをはじめとする欧米列強諸国の強圧的外交、不平等条約、アジア諸国への植民地政策等から、佐幕派、倒幕派、公武合体派の違いはあれど、多くの武士が尊王攘夷主義の一面をもっていたのだ。

元治元年、尊王から徐々に佐幕に片寄る近藤勇に危機感を抱いたのが新選組幹部であり、伊東と北辰一刀流の同門である藤堂平助であった。

熱烈な勤王家であった藤堂は新選組の尊攘主義回帰のために、旧知であった伊東の入隊を切望したのだという。

残された記録や文書、証言から開明的だけでなく清廉潔白な伊東の人柄が窺われ、人望、剣技、学問からも生存していれば、統一国家としての黎明期の日本に多大な貢献をした人物であったと思われる。

近藤、土方は、幕臣として大政奉還後も主家である徳川家が再び政権を握ることを願い、多くの徳川譜代の諸藩が新政府側に寝返る中、最後まで徳川家に誠を尽くして戦い続けた。それは揺るぎない信念から来る武士道であった。近藤、土方にしてみれば伊東は変節漢であり、新選組を乗っ取ろうとする裏切り者だった。

一方、開明的であり純正の勤王家であった伊東にしてみれば近藤や土方は尊王の志を忘れ、大政奉還後も佐幕に片寄った、時制を判断することのできない者たちに見えたのかもしれない。

近藤、土方と伊東のどちらが正しいということはなく、時代とそれぞれが置かれた立場による価値観の相違であったのだろう。

武士の剣と思想

幕末の武士たちの思想には剣による思想の一致が見られるようである。この剣の流儀による武士の結び付きの強さは現代人の想像以上であった。

前述した伊東や藤堂、坂本龍馬は北辰一刀流の同門人であり、北辰一刀流は尊王思想の水戸学と密接なつながりがあった。一方、新選組の中心となった近藤、土方、沖田総司らは天然理心流試衛館の同門だった。

江戸時代において、ほとんどの地方の武士は概念として京の天皇、江戸の将軍を尊びながらも、最も敬意を払い、忠誠を誓ったのは自分たちの領地を治めた主家であったという。

近藤、土方は武州多摩の出身者であり、この地は古くから将軍家直轄地の天領だった。代々、将軍家直轄領の人間として「天下の民」を自認した武州多摩の出である近藤、土方にしてみれば、天然理心流同門として長く同じ思想を語らってきたであろう間柄からも、二人が最後まで「徳川将軍家の武士」として生きようとしたことは自然だったのだろう。

大政奉還後には御三家筆頭の尾張藩、また、徳川四天王として「井伊の赤備え」の異名で他藩に恐れられた彦根藩までが新政府に従う事態の中、近藤、土方は新選組を率いて戦い続ける。

近藤勇

土方歳三

近藤は降伏後、刑場の露と消え、土方は戊辰戦争最後の地、五稜郭まで戦った後、戦死する。榎本武揚、大鳥圭介等、降伏後に明治政府の顕官になった者も少なくない箱館政府の幹部の中で、戦死したのは土方だけである。

幕臣と志士、佐幕と討幕の立場、思想の違いはあれど、近藤、土方の武士道もまた、紛れもなく本物だったのだ。

「武士」の最後の時代である幕末。決して遠くないその時代において、武士——サムライたちはどのような信念、行動則のもとに生きたのだろうか。

次章では幕末事件史最大の謎とされる「坂本龍馬暗殺事件」を、武士の行動則をもとに検証していきたい。

第二章　武士の心得と剣技から検証する龍馬暗殺

坂本龍馬の暗殺――「近江屋事件」

幕末最大のミステリーとされる坂本龍馬暗殺事件、通称「近江屋事件」。

ここでは武士の心得――武士の行動則からの作法、暗殺時の剣技、唯一残る確かな物的証拠から検証を試みていきたい。

坂本龍馬は大政奉還後の慶應三年（一八六七）十一月十五日に中岡慎太郎と共に暗殺された。

暗殺される直前、元新選組参謀・伊東甲子太郎は元新選組幹部の藤堂平助と共に龍馬を訪ねていた。

坂本龍馬

伊東は新選組が狙っているため土佐藩邸に身を隠したほうがいいと忠告したが、佐幕派の新選組から倒幕派の薩長寄りに変節したと思われていた伊東に、龍馬はよい返事をしなかったという。この時土佐藩邸に身を移していればおそらく龍馬が殺害されることはなく、開国して新しい道を歩み始めていた当時の日本にとって、貴重な人物を失うことはなかっただろう。

龍馬は北辰一刀流剣術、小栗流和術（剣術だけでなく、柔術、棒術、抜刀術等を含む総合武術）の免許皆伝。北辰一刀流千葉定吉道場では塾頭を務めた一流の剣客であった。

また、謹直さが求められた当時の武士らしかぬ、型にはまらない放胆な性格であったようだ。だが豪放磊落と油断からくる心得不足は別であり、一流の剣術家であり、数々の実戦を経てきた龍馬はそれほど「武士の心得」のない人物だったのだろうか。

幕末当時の新選組は、倒幕派の志士であれば問答無用で即座に斬殺することも辞さない、強力な戦闘力を持つ武装警察的存在であった。

昭和まで生きた元陸援隊副隊長・田中光顕はその印象を次のように生々しく語り残している。

「新選組は怖かった。中でも土方が怖かった。彼らが隊士を連れて都大路を歩いてくると我々は路地から路地に身を隠したものだ」

龍馬はその新選組に路上で行き合った際、酔っ払った振りをして路傍の子犬を不意に抱き上げ、子犬に頬ずりしながら新選組の真ん中に割って入っていった。新選組の隊士たちは酔った武士が子犬に頬ずりしながら歩く姿に苦笑し、道を開けたという。龍馬の胆力と臨機応変な対応力を表す逸話である。

坂本龍馬とは

ほとんどの人が持つ坂本龍馬のイメージは司馬遼太郎の『竜馬がゆく』のものではないだろうか。明るく、豪放磊落。物事の細かい点には頓着しない天衣無縫の自信家。先見性に富み、行動力に溢れ、人を引き付けるカリスマ性がある。そして剣も強い。あまりにも魅力ある人物像を司馬遼太郎が書き上げたため、この人物像はほぼ固定化し、大河ドラマや映画、小説の龍馬像もこれを踏襲している。

羽織を着た龍馬

しかし、『竜馬がゆく』はあくまでも小説であって、当然ながら事実と異なる点も多いことを忘れてはならない。確かに現在まで残されている龍馬の手紙からも、前述のような龍馬の人柄が推測できる点は多々ある。一方、龍馬の死後、友人たちや交誼のあった多くの人々が、龍馬について放胆な性格に見えるが繊細な面のある人だったと語っている。

残された龍馬の写真は有名な蓬髪で袴に

高杉晋作（東京都港区立郷土歴史館蔵）

ブーツの写真ばかり取り上げられがちだが、髷を結い、羽織、草履、足袋を乱れなく身に着けている写真も残っている。

これは高杉晋作も同様だが、長く太い柄の佩刀、手の位置、瞬時に立てるように足を引き寄せた座り方から両者の武術の心得（高杉は柳生新陰流剣術免許皆伝）、そして乱れのない着付けから、奔放と言われた龍馬と高杉の生真面目な一面を窺い知ることができる。

龍馬は近江屋で暗殺される前年、寺田屋で幕吏に踏み込まれ、拳銃で二名を殺害。この際に幕吏の斬撃を拳銃で受けて右手に重傷を負い、命からがら脱出している。この傷は相当深く、西郷隆盛に勧められた薩摩への温泉治療でも完治せず、のちの写真撮影で龍馬が懐手をしているのはこの傷を隠すためであったとさえ言われている。

「いろは丸」事件では紀州藩を相手取り、交渉の末、多額の賠償金を得ている。これは海援隊が四国の大洲藩に資金提供を受け運用していたいろは丸が紀州藩の船に衝突して沈没した事件である。いろは丸の積荷が「米および砂糖なり」（『伊呂波丸航海日記抜書』）とされていたのを、後に龍馬はこれを打ち消し、積み荷は「武器、鉄砲なり」（『後藤象二郎応接筆記』）と主張した。

沈没してしまった船に何が積まれていたかは調べようがない。のちにこの事件は紀州藩が事故責任を認めざるをえず、八万三千両の賠償金を支払うことになる。

日本銀行博物館による貨幣価値によると一両は現在の約三十万円となり（大工の賃金から算出）、八万両は二百四十億円もの巨額になる。このいろは丸は平成の世になってから海底調査が行われたが、船からは銃は全く出てこなかった。

このように龍馬は一般的にイメージされているような豪放磊落な人物だっただけでなく、合理主義で抜け目のない一面が確実にあったことが分かる。だが武士でありながら、亀山社中という日本で初めての商事結社を設立した龍馬が合理的で抜け目のない一面を持っていたのは、ある意味当然であり、優れた能力の一つ、魅力の一つとしていいのではないだろうか。

元土佐藩士であり、のちに海援隊に加わって龍馬の秘書役を務めた岡内重俊（維新後、元老院議官・男爵）は龍馬について次のような逸話を語っている。

「藩商、高知より来る。人物もっとも狡猾なり。余これを龍馬に告げたるに、龍馬平然として『商人の狡猾なるは当然なり。狡猾ならずんば、利を得るあたわず』とこたえ、余をして辞に窮せしめたり」

確かに龍馬には合理主義的な面があり、その合理的な面で利を上げようとした。しかし、龍馬はその合理さを私利私欲に用いなかった。龍馬にとって「利」とはそのまま国家の「利」につながらなければならないものであった。

海援隊として得る利は国を改革するための活動への利であり、船中八策や大政奉還も国家のための利であった。

龍馬は私腹を肥やさなかったため（亀山社中での龍馬の給与は平隊士と同額の三両二分だった）、

龍馬の死後、その妻お龍は困窮に苦しみ、龍馬の刀を売って糊口をしのいだという。

近年の研究では薩長同盟は龍馬の功績ではなく、むしろ中岡慎太郎の尽力によるものが大きいとするものもある。もとより、薩長同盟の偉業は龍馬一人によるものではない。

八月十八日の政変により京から追放された長州藩は、急速に尊王攘夷派としての影響力を失っていた。さらに元治元年（一八六四年）七月、禁門の変の敗戦で長州藩は朝敵とされる。

八月、英米仏蘭の四か国艦隊砲撃、続く幕府の長州征討によってついに長州藩は降伏する。

これらの一連の戦いで中心勢力であった会津藩、薩摩藩への長州藩の怒りは根強く、下駄の裏に「薩肝会賊」と書いて闊歩する藩士もいたほどだった。

龍馬と中岡の尽力で薩摩藩と長州藩は会談する段階まで進んだが、両藩の溝は依然深かった。

慶應元年（一八六五）六月、西郷隆盛と桂小五郎による薩長会談を西郷が突如欠席したことにより、両藩の和解はもはや不可能かと思われた。

当時の日本は長い鎖国制度による文明の遅れから外国との軍事力には大きな差があった。すでに列強五か国から不平等条約（安政五カ国条約）を押し付けられており、一刻もはやく日本を統一国家として近代化をすすめねば、欧米諸国によって清のように植民地とされる危険があった。

ここで龍馬がとった行動は何だっただろうか。当時、幕府は欧米列強諸国に対して長州との武器の取引を禁止しており、長州藩は近代兵器の導入が困難な状況にあった。

一方、薩摩藩は不作により、軍を上京させた際に必要となる、大量の兵糧米の確保に苦慮していた。

ここで龍馬は両藩に一つの提案をする。

それは薩摩藩の名義で長州藩が必要とする軍艦や銃を購入し、その代わり、長州藩は薩摩藩のために兵糧米を用意するというものだった。そして実際の取引実行と、両藩への運搬は亀山社中（のちの海援隊）が行うというものだった。

まず、両藩が現況で必要とする物を供給し合うことでわだかまりをとり、徐々に互いの信頼感を増していくという方法であった。

このことにより、次第に両藩の関係は結び付きを強くする。そして慶應二年（一八六六）一月二十一日、薩長提携六か条により薩長同盟が締結した。

第二次長州征討が迫った同年五月、長州藩から兵糧米五百俵が鹿児島に届けられた。だが、薩摩藩は国難にある長州藩から兵糧は受け取れないと謝辞したのだった。

このような発想は従来の武士にはないものであり、商人の血を引く龍馬ならではであった。この龍馬の提案が同盟締結への大きな鍵となったことからも、やはり薩長同盟への龍馬の功績は甚大であったといえるだろう。

大政奉還が行われて江戸幕府が終焉した後、龍馬は起草した新政府の役職の草案を携え、薩摩藩の西郷隆盛、大久保利通、小松帯刀らを訪れた。

しかし､その草案の中には坂本龍馬の名前はなかった。龍馬は倒幕のために不可欠と言われながら、実現不可能とされた薩長同盟を成し遂げた人物だった。倒幕に多大な貢献をした龍馬が新政府の要職につかないのは不可解だ。西郷が問い質すと龍馬は次のように答えたという。

「そうさな、わしは世界の海援隊でもやりますかいのう」

のちに不平等条約改正を成し遂げ、名外務大臣と言われた陸奥宗光はこの時のやりとりを何度も回想し、「その時の坂本は西郷より一枚も二枚も大人物に見えた」と機会があるごとに人に語ったという。

それでは当時の人物たちの龍馬評はどうであったろうか。

〈長府藩士・三吉慎蔵の龍馬評〉

「過激なることは毫も無し。かつ声高に事を論ずる様のこともなく、至極おとなしき人なり。容貌を一見すれば豪気に見受けらるるも万事温和に事を処する人なり。但し胆力は極めて大なり」

（『毛利家文庫』三吉慎蔵談話ノ要）

三吉慎蔵は長州藩から龍馬の身辺警護を任命された人物で、宝蔵院流免許皆伝の槍の名手であった。寺田屋事件の際は百名ともいわれる包囲した捕り方に対して槍を振るって応戦し、奇跡的に脱出。傷を負った龍馬を材木小屋に隠し、多くの幕吏が探索する京の街を薩摩藩邸まで駆け抜け、救援を要請して龍馬を救った。

短期間の付き合いながら二人はよほど馬が合ったのだろう。慎蔵の真摯で義理堅い人柄に龍馬は全幅の信頼を寄せ、のちに手紙で、自分に万が一のことがあった時のために妻お龍の後事を託している。龍馬の死後、慎蔵はお龍と君枝の姉妹を長府の自宅に引き取った後、お龍を高知の坂本家に送り届けている。

〈薩摩藩・西郷隆盛の龍馬評〉

「天下に有志あり、余多く之と交はる。然れども度量の大、龍馬に如くもの、未だ曽て之を見ず。龍馬の度量や到底測るべからず」

（千頭清臣『坂本龍馬』）

明治維新後、西郷は新政府軍の実質上のリーダーであった。明治政府では政治家として政府の最高執政官の一人である参議、また軍人として当時唯一の元帥（陸軍大将）であり、名実共に明治政府の中心人物だった。そして西郷自身も強烈なカリスマ性を持つ指導者であった。

西南戦争の終焉に際したときの中津藩の隊長、増田宋太郎の手記の話がある。この増田宋太郎は、敗走する薩摩軍が最後の場所と決めていた鹿児島の城山に向かうに際し、中津藩隊員たちに中津への帰還を指示し、自身は城山で西郷に殉じると言った。

なぜ一人だけ残り、西郷に殉ずるのか不審がる隊員たちに、増田は涙しながら次のように話した。

「私はここにきて西郷隆盛先生に接する機会を得ることができた。一日西郷先生に接すると一日の真心が生じた。そして三日間西郷先生に接すると三日間の真心が生じた。もはや西郷先生と一緒にいる真心が一体になり、別れることもできなくなった。今はもう善も悪もなく、その死生を共にしようと思っている」

増田宋太郎はその言葉通りに城山で没する。享年二十八歳。

「龍馬の度量や到底測るべからず」

大西郷にここまで言わしめた坂本龍馬を斬った人物とは一体誰だったのか。

龍馬暗殺事件の通説

慶應三年（一八六七）十一月十五日、京都河原町の近江屋で龍馬は暗殺された。

龍馬はほぼ即死し（翌日まで生存していたという説もある）、従僕の山田藤吉は十六日に、龍馬と同席していた中岡慎太郎は十七日に死亡した。この日は龍馬の大望であった大政奉還からわずか約一か月後、そして奇しくも龍馬三十三歳の誕生日でもあった。

龍馬が長崎から入京したのは同年十月九日のことだった。一時、河原町の材木商「酢屋」に下宿していたが、十月十三日頃に土佐藩邸近くの醤油商「近江屋」に転居した。

このとき龍馬は、昨年一月の寺田屋遭難で伏見奉行所の同心二名を射殺したため、幕吏の追跡を受ける身となっていた。そこで、安全な土佐藩邸に入ることを希望したが、過去二度の脱藩罪を理由に拒絶されていた。

薩摩藩士の吉井幸輔からは近江屋のように街中にいては用心が悪いと気遣われ、二本松の薩摩藩邸に身を潜めることを勧められていた。

だが、薩摩藩の世話になることは土佐藩に対する嫌みになるといって申し出を断っている。万一のことがあれば家来と共に近江屋で一戦の上、土佐藩邸に引き取らせてもらう決心をしていた。

土佐藩士・堀内慶助から龍馬の保護を依頼された近江屋の主人新助は、裏庭の土蔵の中に一室を設けて龍馬を匿った。万一の時には裏手にある誓願寺に避難できるように梯子を架け置き、寝具、食器類だけでなく身の廻りの全ての品を蔵の中に運び入れ、出入りの商人にも龍馬潜伏のことは秘密にしていた。

ところが龍馬は十一月十一日頃から風邪気味となり、用足しのために母屋まで降りるのは不便なので、十四日朝から土蔵を出て近江屋二階の奥座敷に移ったという。

十一月十五日、龍馬は、隣家の酒屋大和屋に下宿していた土佐藩参政の福岡藤次のもとを、午後三時と五時の二回訪ねたが福岡は不在だった。

龍馬は帰宅するとき、福岡の従者和田から、

「先ほど名刺を持った使者が、坂本先生はお宅に来ておらぬかと、尋ねてきました」

と告げられた。

帰り際、ちょうど大和屋にいた福岡の愛人おかよを話し相手に下宿へ誘ったが、おかよは和田が引き止めたので断り、その夜の危難をまぬがれることができた。

近江屋に戻ると、陸援隊長の中岡慎太郎が訪ねてきた。中岡が訪問したのは前年九月に起きた三条制札事件で、新選組に捕らえられていた元土佐藩士・宮川助五郎の身柄引き取りに関する相談のため

だったという。

　二人が語り合っているところへ、使命を果たし大坂から帰京した海援隊士の宮地彦三郎が訪れた。宮地が階下で挨拶すると、龍馬は二階から大声で宮地をねぎらって、

「二階に上がり来たらぬか」

　と言い、中岡も、

「上がりに来らずや」

　と誘った。

　帰途だった宮地は、

「帰宿して旅装を解きて、改めて御伺いせん」

　と挨拶して下宿に帰っていった。

　それから午後七時頃、土佐藩御用達の書店菊屋の長男、峰吉がやって来た。中岡に頼まれた手紙を同志に届け、その返書を持参したのである。

　峰吉が近江屋二階に上がったとき、龍馬は奥の八畳間で床の間を背にして火鉢を間に挟んで中岡と対座し、その右に行灯が灯っていた。二階の表八畳間では従僕の藤吉が楊子削りをしていた。

　峰吉が来たので要談を中止し、中岡は返書を受け取って読み終えて峰吉と話をしていると、そこに土佐藩下目付の岡本健三郎が龍馬を訪ねてきた。

　岡本は龍馬の同志で、今年十月に龍馬の随員として越前福井へ同行し、藩主松平春嶽に謁見した後、三岡八郎（由利公正）との会談にも同席していた。

峰吉は龍馬の方に進み、岡本は中岡の傍に座った。

しばらく雑談に興じた後、空腹を覚えた龍馬が軍鶏鍋《しゃもなべ》を食べようと言い出し、峰吉に軍鶏肉を買ってくるように命じた。それに応じた峰吉は帰宅する岡本と共に近江屋を出て、四条で岡本と別れたあと四条小橋の肉屋「鳥新」へ向かった。

軍鶏肉が売り切れていたため軍鶏を潰すまで三十分ほど待ち、近江屋に引き返したのは午後九時頃だった。

そのわずか数十分の間に事件は起こった。

岡本、峰吉の二人が立ち去り、龍馬と中岡が再び要談していると、表で案内を請う者がいる。藤吉がその声に応じて二階の表八畳間から梯子を下りて応対に出ると、そこには一人の男が立っていた。男は、

「拙者は十津川郷士のものだが、坂本先生がご在宅ならばお目にかかりたい」

と懐から名刺を差し出した。

十津川郷士には龍馬、中岡と親しい者が多かったので、藤吉は怪しむことなく名刺を受け取ると、二階の龍馬に取り次ぐため階段を上がっていった。

その隙に数人の刺客が屋内に侵入して藤吉の後を追いかけ、刺客の一人が階段を上りつめたところで龍馬に名刺を渡して引き返してきた藤吉に斬り付けた。

藤吉は声を発する間もなく、さらに数太刀を受けて、その場に斬り倒された。

藤吉が倒れた時の大きな物音を耳にした龍馬は、藤吉が騒いでいるのだろうと思い、

「ホタエナ（騒ぐな）」

と大喝した。

その瞬間、二人の刺客が奥八畳間の襖を開けて躍り込み、一人は、
と叫びながら中岡の後頭部を斬り付け、もう一人は龍馬の前額部を横に払った。

「コナクソ！」

龍馬は斬り付けられると同時に、後ろの床の間に置いてある佩刀を取ろうと身を捻ったが、刺客の二の太刀が右肩先より背中を袈裟懸けに斬った。

それでも龍馬は刀を掴んで立ち上がり、刺客の三の太刀を鞘のままで受け止めた。

しかし、刺客の斬撃は鞘越しに三寸程刀身を斜めに削り、流れた刀は龍馬の前額部を鉢巻なりに深く横に薙いだ。脳漿が吹き出した龍馬はその場に倒れ伏した。

中岡は龍馬と対座の際、佩刀を屏風の後ろに置いていたため、帯びていた短刀を取って鞘から抜く間もなく敵に向かったが、初太刀の深手で思うように動けず、両手両足を斬られて昏倒した。

刺客は中岡の臀部を骨に達するほど深く斬り付けると、

「もうよい、もうよい」

との言葉を残して大声で放歌しながら立ち去った。中岡はこの激痛で蘇生したが、死を装ってやり過ごした。

しばらくして、龍馬が正気を取り戻した。刀を支えに身を起こすと、行灯の前に膝行すると刀を抜いて灯火に照らし、

「残念だ」

とつぶやいた。そして中岡を顧みて、

「慎太、どうだ？　手が利くか？」

と声をかけ、中岡が「利かぬ」と答えると、龍馬は身を起こして次の六畳間に到り、手摺りの所より、

「新助！　医者を呼べ！」

と大声で言った。だが、やがて悲痛な声を絞り、

「慎太、僕は深く脳をやられた。もういかん」

と言い残してその場に倒れ伏した。

中岡は痛みに耐えながら中敷居を上り、裏の物干しに這い出て、近江屋の家人を呼んだが答えはなかった。さらに屋根伝いに北隣の井筒屋嘉兵衛方の屋根に上り、救いを求めたが人は怖れて出てこなかった。引き返そうとしたが両手両足の深手で動くことも声を上げることもできなくなった。

通説の検証——事件の証言者たち

この近江屋事件を幕末最大の謎としている要因は以下のように、

(1) 犯行現場を最初に目撃したとされる者——菊屋峰吉の証言

（2）犯行現場、近江屋の主人――近江屋新助の証言
（3）犯行現場に駆け付けた者――谷干城、田中光顕の証言
（4）犯行後の生存者――中岡慎太郎の証言
（5）実行犯集団とされる京都見廻組隊士――今井信郎及び渡辺篤の証言

等の数々の証言が残されながら、それぞれの証言にかなりの相違点があることである。本来であれば、これほどの証人と証言が残されているならば犯人の特定は容易であり、むしろ犯人が不明であることの方が不可解だ。

特に谷干城のように生涯をかけて、明治政府の高官という権力の立場をもってして、執念とも思えるような姿勢で犯人を探しながらも特定できなかったのは、明らかに証言者の偽証と組織的な画策があったからと思われる。

一方でこの証言者たちは、事件の直前直後に龍馬と最も関わりがあった者たちであり、見廻組隊士たちは殺害状況を知る者たちである。

彼らの証言の真偽を見定めるために、順に各々の証言を検証していきたい。

（1）犯行現場を最初に目撃したとされる者――菊屋峰吉の証言

菊屋峰吉は嘉永四年（一八五一）、土佐藩御用達の書店「菊屋」の長男として生まれる。中岡慎太郎が京都において、尊王攘夷活動をする為の拠点として菊屋に下宿して以来の交流と言われている。利発にして無邪気な人柄だったため、龍馬、中岡だけでなく、白川の陸援隊本部や河原町の土佐藩邸の同志たちにもかわいがられていた。

明治十年（一八七七年）の西南戦争では、熊本鎮台司令長官・谷干城の知遇を得て会計方軍夫として従軍。大正五年（一九一六）六十五歳で亡くなる。

菊屋峰吉（鹿野安兵衛）

龍馬と中岡が襲撃された時、近江屋では一階の奥の間で主人・新助は火鉢にあたり、妻は子供たちに添い寝をしていた。突然のけたたましい二階の異音に驚き、家族は裏の物置に逃げ込んで震えていた。しばらくして静かになり、二階の人の気配が消えると新助は裏手より裏寺町通りに抜け、土佐藩邸に駆け付けて急を報じた。

藩邸からは一大事と下横目の島田庄作が一番に駆けつけた。島田は表に立番がいないので抜刀し、屋内に気を配り賊を待ち構えた。

そこへ、軍鶏肉を下げた峰吉が帰ってきた。

『維新史蹟図説』――「菊屋峰吉談話」（大正十三年　吉田喜太郎　東山書房）

慶應三年十一月十五日の夕方、私が中岡さんの宅にいると、ちょうど坂本さんからの手紙が届き、中岡さんは手紙を読むと坂本さんの宿所（近江屋）に出かけて行きました。近所でもあったので私も坂本さんの宿所に行ってみたところ、店頭で藤吉が木を削っていて、その傍に土佐藩の岡本健三郎さんが立っており、二人で世間話をしていました。

私もその仲間入りをしていると、二階から降りてきた坂本さんに軍鶏を買ってくるように言われたので、岡本さんと近江屋を出ました。

近くの「鳥新」という店に行ったところ、あいにく軍鶏は売り切れだったのでしばらく店先で待ち、軍鶏肉を大きな皿に盛ってもらい近江屋に戻りました。

表戸が少し開いているので不思議に思って隙間から中をのぞくと、刀を抜いた土佐藩の島田小作（嶋田庄作）さんが仁王立ちしていました。

驚いたので離れて様子をうかがっていると島田さんがそばに来て、

「オイ、お前は峰吉じゃないか。何用があってここへ来た。実は今、坂本と中岡がやられた。賊が降りてきたら、一刀のもとに殺してやる」

と言いました。

私はそんなことがあるものかと思って中に入り、勝手知ったる台所から裏口に出ると、物置に人の

気配がします。物置の戸を開けると、井口新右衛門（新助）夫婦が潜んでおり、ガタガタ震えながら、

「峰吉さん、悪者が入って二階は大騒ぎだ」

と言いました。

子供心に恐ろしい有様を見たくなって台所に戻り、二階へ上がろうとすると、血がポトポト滴っています。二階の上がり口（降り口の間違いか）に藤吉が横倒れになって苦しんでいたので、大声で島田さんを呼びました。

四方を見回すと、倒れている坂本さん、隣家の屋根の上に倒れて苦しそうな息の中岡さんを発見しました。

私はすぐに中岡さんを運んで座敷に移すと、息を吹き返した中岡さんから、早くこの始末を堺の陣屋（白川土佐藩邸、陸援隊の本拠地）に知らせてくれと依頼されました。私はさっそく近江屋を飛び出し、東堺の陣屋に参ってこの始末を注進に及びました。（後略）

峰吉が、陸援隊に龍馬と中岡の暗殺を知らせたことについては、『坂本龍馬関係文書』では、以下のように記述されている。


「曽和慎八郎は藩邸より駆けつけぬ。谷守部、毛利恭助の二人は、大森より馳せ来りぬ。（中略）医師川村エイシン来りて、慎太郎と籐吉に手宛を施しぬ。

『早く陸援隊に通知せよ』というに、峯（峰）吉は、いずこよりか裸馬を曳かせ来り、これに打

ち乗り、百万遍の東は白川の土佐藩邸に向かいぬ。」

この記述を見ると、峰吉は裸馬に乗って陸援隊に急報を知らせたことになるが、町人の少年である峰吉が、「裸馬に打ち乗り」などということが当時の江戸期の常識からして有り得ただろうか。

この部分だけでなく、龍馬の資料として高く評価されている『坂本龍馬関係文書』には、随所に脚色を加えたと思われる箇所がある。

では峰吉の「東堺の陣屋に参ってこの始末を注進に及びました」という証言の真偽はどうかといえば、襲撃後、近江屋に駆け付けた田中光顕は以下のような証言を残している。

「十五日夜、自分（田中）は白川の陸援隊にいたが、菊屋峯（峰）吉というのが急を報じてきたので、ただちに白川邸を駈け出し（後略）」（『坂本龍馬関係文書』「田中光顕口述」）

この『坂本龍馬関係文書』だけでなく、昭和二年十一月に発行された『雋傑《しゅんけつ》坂本龍馬』でも存命の田中は同様の証言をしており、この証言からも峰吉が急報を陸援隊に告げに行ったということについては間違いなく事実のようだ。

一方、菊屋峰吉という人物にはこの他にも龍馬の葬儀についての証言等、幾つかの偽証があるのも事実である。だが、峰吉が自らの立場を有利にしようと画策したというのは少々酷であろう。

証言をした大正五年（一九一六年）に峰吉は六十五歳、そしてこの年に亡くなる。龍馬暗殺から半世紀近くが経っている。龍馬暗殺当時の峰吉は十六歳の少年だった。

大正時代以降、龍馬の名声は著しく上がっていく。死の近づいた晩年になり、少年期の自分を美化して回顧してしまったのは人間として仕方がなかったのではないだろうか。

この「晩年の本人にとって望ましい回顧」は、近江屋新助、見廻組隊士の今井信郎と渡辺篤等、他の事件証言者にも同様にみられることである。

感情面としては分からないでもないが、これらの証言が事件の真相解明を混乱させたことは否めない。

そして次の近江屋主人・井口新助の証言もまた、「菊屋峰吉談話」の峰吉の証言とは異なるものとなっている。

近江屋（井口）新助

(2) 犯行現場、近江屋の主人——近江屋新助の証言

天保八年（一八三七）、京都河原町で醤油業を営んでいたという近江屋新助の子として生まれる。安政六年に家業を継ぎ二代目「近江屋新助」を名乗る。土佐藩の御用達を務め、財を積む一方、尊王派志士たちをよく支援した。

慶應三年（一八六七）、龍馬の経歴を土佐藩から知らされると、快く龍馬を自宅へと匿い、龍馬のために土蔵を改装して密室を作り、いざという時には裏の誓願寺に脱出できるよう整えたとも言われる。

慶應四年（一八六八）における鳥羽伏見の戦いでは官軍尊王派の後援に尽力し、軍資金や食料を援助した。明治四十三年（一九一〇）没。贈従五位。

『井口家文書』

明治三十三年、『近畿評論』に坂本龍馬殺害者として元京都見廻組の今井信郎の名が発表されたことを受け、近江屋の主人、井口新助が息子の新之助に語ったものを筆記させた反論文である。当時の龍馬殺害時の様子を伝え、「大いに事実と相違せり」と一貫して今井の証言を否定した内容となっている。この文には以下のようなことが記されている。（傍線部筆者）

（前略）「阪本君ハ常ニ真綿ノ胴着ヲ着シ居ラレタレバ、体部ニ負傷ハナシ。唯ダ脳傷ノ為メニ接（一字不明）ノ後倒レラレタル処ヲ、二刺咽ヲ刺シタリ。然レドモ同氏ハ刺客ガ帰ルガ否ヤ、家ノ主人ヲ呼ビ医師ヲ命ゼラレタリシガ、是ニ応ジテ二階ニ昇リシニ既ニ絶命セラレタリ」（攻略）

すなわち、

「坂本君は常に真綿の胴着を着ていたので、体の部分には負傷はなかった。ただ、頭部の脳への傷のために接（一字不明）の後、倒れたところを、二度咽を刺されていた。しかし同氏（龍馬）は刺客が帰るやいなや、家の主人（新助）を呼び、医師を命じたが、これに応じて二階に昇ると既に絶命していた」

この記述によれば、咽喉を二箇所刺された龍馬が、二階から階下の新助に医者を呼べと命じたというのである。刀で咽喉を刺された人間が階段の降り口まで張っていき、声を発したことになる。

また、龍馬が咽喉を刺されていたと証言したのは新助のみである。

新助は龍馬が真綿の胴着を着ていたので胴体に負傷がなかったとも語り残しているが、田中光顕、谷干城の証言によれば、龍馬は刀を取ろうとして、後ろ向きになったときに背中を袈裟に斬られていた。また龍馬が常に「真綿の胴着」を着用していたという話も他の証言には出てこない。

峰吉の証言では「物置に潜んでガタガタ震えていた」とされる新助だが、自らの証言では龍馬の呼び掛けに応じて二階に上がり、龍馬の死を確かめている。

はたして犯行現場近江屋の主人、井口新助の証言に信憑性はあるのだろうか？

その答えは次の谷干城の証言に記されている。

（3）犯行現場に駆け付けた者——谷干城、田中光顕の証言

谷干城は天保八年（一八三七）、儒学者・谷景井の四男として土佐国高岡郡窪川に生まれる。江戸に出て安井息軒（儒学）に学び、帰国して藩校致道館の史学助教授に任ぜられる。帰国途中に武市半平太との縁から尊王攘夷に傾倒。

慶應二年（一八六六）の長崎視察時に、坂本龍馬、後藤象二郎と交わって開国倒幕派となる。翌年五月、西郷隆盛らと会見し、討幕の密約を結ぶ。

戊辰戦争では藩兵大監察として戦功を立て、維新後は陸軍に出仕。明治十年（一八七七）、西南戦争の際には熊本城を死守し、勇名を馳せた。

土佐藩上士でありながら同藩郷士出身であった龍馬を厚く尊敬したという。

明治四十四年（一九一一）没。陸軍中将・農務大臣・正二位・勲一等子爵。

『谷干城遺稿』——「坂本中岡暗殺事件」（明治三十九年　両先生四十年追弔会講演）

明治三十三年五月に雑誌「近畿評論」で元見廻組隊士・今井信郎が自らを坂本龍馬殺害の実行犯であると証言した内容についての反論である。

講演を記述したものなので同じ内容を繰り返し、言葉が明確でない箇所があるが、それがより生々しい臨場感を醸しだしており、興味深い内容である。（以下要約。傍線部筆者）

石川（注：中岡慎太郎。事件当時、石川清之助という変名を用いていた）は賊は二人であったと言っていたが、今井は襲撃した者は四人であったと言っている。

近江屋の主人、近江屋新助には、本年（明治三十九年）、私（谷）が京都へ行った際にまだ存命していたので会って話を聞いてきた。

「彼奴等（襲撃者たち）はどんどん二階に上がり、坂本の僕（従僕・藤吉）が斬り倒されて大きな声で叫んだので、（我々は）慌てふためいて逃げ出したから、後のことはさっぱり分らない」ということだった。

谷干城

新助は

「（事件当時）小僧が一人おりました」

と言っていたが、二人が襲撃された時は決して近江屋にはいなかっただろう。だが今井は「二階の階段を上に上り切って眺めると、向こうの部屋に書生が三人居た」と言っている。だが、そこにいた者は、坂本龍馬の僕が一人だけである。

今井は「畳の方に坂本と中岡が机を中へ挾んで座っていた」というが、これも間違っている。京都ではよく机を置いて話をして飯を食うことをやっているが、机などはなかった。二人は行燈を前に置いて話していた。

坂本、中岡の両人とも武辺場数の士で、坂本は剣術においては無逸の達人で、平素付け狙われているのを承知していたので、油断などしない。顔と顔とを見合せて話をして、それから斬られる様な鈍い男でない。これが最も嘘の甚しい事柄で、決しそのようなものでない。

坂本が斬られたという連絡があった場合にすぐに駆けつけていった者が私と毛利恭助という者である。

丁度階子段を上り付いた所に坂本は斬り倒されていた。階子を上右に行き詰めた所、すなわち京都の方に窓がある。

御承知の通り京都では、町に向いた窓は大きな門を置いてそれへ泥を塗ってある。押しても突いても破れるべきものでない。其下に龍馬の僕が斬り倒されていた。

右手の方の座敷には中岡が斬られていた。

坂本は非常に大きな傷で、額の所を横に五寸程を斬られていたから、（本来なら）この一刀で倒れているところである。そして後ろから背中を袈裟に斬られていた。

中岡の傷はどういうものかというと、後ろから頭に掛けて斬られ、また左右の手を斬られていた。そして足を両方とも斬られていた。倒れたところをさらに二太刀斬られており、それはほとんど骨に達する程に深い傷だった。

しかし、傷が脳に遠いものであったので石川の気は確かであった。

「誠に遺憾千万であるがこの通りの有様である。早く（佐幕派を）やらなければ君たちもやられるぞ、早くやらなければいかぬ」というのが石川の話であった。

そこでどのような様子であったかと石川に聞いてみると、

「実は今夜はお前（谷）の所へ行ったが、お前が留守であったから坂本の所へ来て二人で話していると、『十津川の者でござる。どうぞ御目に掛りたい』という者が来た。そこで取り次ぎの僕が手札を持って二階に上ってきた。

自分は部屋を入った手前にいて、坂本は丁度床の間を後にして自分の前にいた。

それで二人で行燈へ頭を出してその受け取った手札を見ようとしたが読む暇などなかった。藤吉が二階に上ってくる時、二人の刺客は後ろについてきていた。そして『コナクソ』と言って斬り込んできて自分が先に斬られた。

斬られて、はっと思った時に、坂本が後ろの床の間にある刀を振り向いて取ろうとする様子だけは覚えている。自分もすぐ短刀を取ったけれども抜くことはできず、そのまま振り回すと、刺客は後ろへ退りながら自分を斬った。

そこでもう手はきかぬようになったから、刺客に武者振りつこうとすると両足を斬られてしまった。それで足が立たぬようになってしまったから、倒れたまま斬らせておくしかなく、そのまま倒れていた。そうすると『もうよい。もうよい』といって出ていった。

賊の言った言葉は『コナクソ』という言葉と、『もうよい』という言葉以外は聞いていない。

斬られて倒れて暫くしていると、八畳の間で倒れていた坂本がすっと起き上がって燈を提げて階段の傍まで行った。

そしてそこで倒れて、『石川、刀はないか。刀はないか。』と、二声、三声言って、それでもう音が聞こえなくなった。

実にどうも鋭いやり方で自分等も従来油断はせぬが、何しろ刺客は非常な武辺場数の奴に違いない。

自分等二人がいて不覚を取ることはせぬ筈だが、どうする間もない。たった『コナクソ』と言う一声でやられた」

坂本の深い傷というのは眉の上を横に斬られ、そして後ろから袈裟に斬られたこの二つが致命傷だった。

斬り込まれた時、坂本はどのようなことをしたか想像はできる。

坂本は刀を取ったが後ろから袈裟に斬られ、さらに斬ってきたから、刀を抜く間もなく鞘越しで受けた。六寸程鞘越しに斬られており、刀身は三寸程、鉛を切った様に刃が削れていた。

相手が斬ってきたのを鞘ごと受けたが受け流した様な形になり、その時、横に斬られたのが額の傷であろうかと想像される。

傷の箇所からも今井の言っていることとは全く違う。

証拠の一つのとして残っているものに刀の鞘がある。『コナクソと』と『もうよい』という言葉のほかに、賊の残していったものは刀の鞘だけである。

今井は書生が窓から出て逃げたというが、逃げ出したという所は実は大きな柱があって泥を塗ってあるから、押しても突いても動くものでない。逃げようとしても逃げることはできない。ただ、二階へ上がって行詰の所に明かり取りがあるが、高い場所にあって明かりを取るためのものであるからそこから決して逃げだすことはできない。

もし逃げ出すとするならば、石川、坂本が斬られているところへ行かなければならない。そこからは外に出ることができるが、その場所には坂本、石川の二人がいて刺客と斬り合っていたから逃げようとしても逃げることはできない。

ところが今井は「書生が三人いたが、二人は逃げて一人は斬り止めた」という。途方もなく間違っている。

十津川藩の者は始終出入りしていた。勤王論者が十津川藩には多かった。それで十津川と言ってきたから取り次ぎの者も安心したのだ。（後略）

多くの貴重な証言を残した谷干城だが、近江屋新助について谷は、この明治三十九年の「坂本中岡暗殺事件」の講演で次のように証言している。

「近江屋の主人、近江屋新助には、本年（明治三十九年）、私が京都へ行った際にまだ存命していたので会って話を聞いてきた。

『彼奴等はどんどん二階に上がり、坂本の僕が斬り倒されて大きな声で叫んだので、慌てふためいて逃げ出したから、後のことはさっぱり分らない』
ということだった」

右のようなことが実際で、後の新助の証言は、龍馬の死に際に少しでも自分も関わっていたかったという心情からくる作り話の可能性が高い。

続いて、犯行後に谷と同じように近江屋に駆け付けた田中光顕の証言を見てみよう。

田中光顕（顕助）

田中光顕は天保十四年（一八四三）、土佐藩家老深尾家の家臣、浜田金治の長男として土佐国高岡郡佐川村に生まれる。

武市半平太に師事し、土佐勤王党に参加。土佐藩参政・吉田東洋を暗殺した那須信吾の甥にあたる。元治元年（一八六四）に脱藩して長州に渡り、高杉晋作の知遇を受ける。

慶應三年（一八六七）、中岡慎太郎の陸援隊に参加。中岡亡き後は副隊長として同隊を統率し、鳥羽伏見の戦いでは高野山に討幕の兵を挙げ、戊辰戦争で活躍した。

西南戦争では征討軍会計部長を務め、のちに陸軍少将となる。元老院議官、警視総監、宮内大臣などの要職を歴任。
政界引退後は日本各地で維新志士の顕彰、及び遺墨、遺品の収集、保存に尽力した。昭和十四年（一九三九）没。旭日桐花大綬章（旭日章の最上位勲章）・正二位・伯爵

『田中光顕口述』――「坂本中岡両雄の凶変」

（大正十五年『坂本龍馬関係文書』岩崎鏡川編　日本史籍協会）

谷干城の証言同様に、事件直後に現場に駆け付けた者だけが知る、臨場感のある内容となっている。（傍線部筆者）

十一月十五日の夜、自分は白川の陸援隊にいたが、菊屋峯吉と言うのが急を報じて来たので直ちに白川邸を駆け出し、途中二本松の薩藩邸に立寄って吉井幸輔に知らし、それから河原町に駆け付け醤油屋の二階に上ってみると、僕の藤助（藤吉）は上り口の間に横ざまに倒れ、奥の間に入ると坂本と中岡は血に染んで倒れている。

その時、坂本は眉間を二太刀深くやられて脳漿が飛び出て、早やいき切れていたが、中岡はまだ斬られながら精神は確かで刺客乱入の模様を語って曰く、

「突然二人の男が二階へ駆け上って来て斬り掛かったので、僕はかねて君（田中光顕）から貰っていた短刀で受けたが、何分手許に刀が無かったものだから不覚を取った。

坂本にも斬り掛ったので坂本は左の手で刀を鞘のまま取って受けたが、とうとう敵はないで（薙ぐ＝横に斬り払う）頭をやられた。

その時、坂本は僕に向かって、

『もう頭をやられたから駄目だ』と言った。」

（中岡が自分に）「僕もこれ位やられたからとても助かるまい」と話されたのに対し、自分は中岡を励まし、

「長州の井上聞多は、あれ程斬られたけれど尚生きているから、先生も気を確かにお持ちなされ」と言ったけれど、中岡もとうとう翌朝絶命したのは返す返すも残念なことであった。

谷の話にもある通り、坂本のやられた時の刀を見ると、鞘のまま受けたものだから、その鞘に敵が斬り込んだ跡が残り、しかして坂本がそれをふるい上げたときに鞘が天井をつき破っているのが目についた。その時は刺客は誰だか分からなかった。

後から伊東甲子太郎と言う元新選組であるが、その頃は同志となっていた男が来て、その場に蝋色の鞘が落ちているのを見て、これは新選組の者が持っているものだと言う。それで初めて相手が分かったが、しかし新選組の誰がやったかは今でも判然としない。（後略）

谷と田中の証言の相違

谷、田中は意識がしっかりしている中岡慎太郎と会話をしたと証言しているが、以下は現場にいた海援隊士の土岐真金の貴重な証言である。

「京都河原町才谷梅太郎氏ノ下宿ニ於テ同君及石川氏等暗殺セラル。該当事件ヲ福岡藤次氏ノ通知ニ依リ岡本健三郎氏ト同行シテ該処ニ至リ、未絶命石川氏ノ介抱シテ陸援隊ノ田中光顕氏等ニ通ジ田中氏来ル。拙等、才谷及石川氏等、暗殺セラレシ事ヲ話シ石川氏ノ遺言ヲ通ズ」

（土岐真金履歴書控）

「坂本龍馬の下宿で龍馬と中岡慎太郎が暗殺されたことを福岡藤次から知らされ、岡本健三郎と同行して近江屋に行った。

中岡慎太郎の介抱をして陸援隊の田中光顕などに連絡をした。田中の到着後、私らが龍馬と中岡が暗殺されたことを話し、中岡の遺言を伝えた」（傍線部筆者）

この証言によれば、中岡慎太郎の死後、田中光顕は到着したことになる。中岡慎太郎は二日間存命したとされているが、田中が到着した時は既に話せない状態であったことが窺える。

この証言が確かなれば岩崎鏡川編の『坂本龍馬関係文書』――「田中光顕口述」による田中が意識のはっきりしていた中岡より聞いたという襲撃の場面の証言は事実ではないということになる。はたして二人の土佐藩士、しかも海援隊士と陸援隊士の証言のどちらが真実なのか。

また谷は、中岡から「刺客が『こなくそ』と叫びながら斬り込んできた」と聞いたと証言しているが、同じく近江屋に駆け付けた田中光顕は、中岡が「突然二人の男が二階へ駈け上がってきて斬り掛かった」と話したと述べている。

谷、田中以外では海援隊士・土岐真金、千屋寅之助も襲撃後の中岡と会話をしたと証言しているが、刺客が「十津川」と名乗ったと聞いたとしているのは谷だけである。

このように、事件現場に駆け付け、生存していた中岡から直接犯行時の話を聞いたとされる谷、田中の二人の証言が相違している。

この「刺客が『こなくそ』と叫びながら斬りかかってきた」という証言の真偽は見過ごせない点の一つである。

のちに現場に落ちていたとされる鞘が元新選組幹部である伊東甲子太郎により、新選組の原田左之助のものと証言される。

原田の出身が四国伊予であることから、伊予の方言である「こんなくそ」という言葉を中岡が聞いたとされ、当時の新選組犯行説の根拠の一つとなったからだ。

また、坂本龍馬殺害者を自認した見廻組隊士・今井信郎の孫、今井幸彦氏によれば、今井の剣術稽古での打ち込みの際の掛け声が「こんくそ」というものであり、今井が実行犯の一人である根拠の一つとしている。だが、この「こなくそ」の証言自体が事実でないとすれば、実行犯を特定とされてきた重要な根拠の一つが崩れることとなる。

注：【土岐真金（島村要）】

天保十一年（一八四〇）に土佐藩足軽・島本信平の長男として生まれる。

慶應二年（一八六六）に、藩命で京都藩邸詰となり、その後、脱藩し坂本龍馬の海援隊に加わった。

龍馬が暗殺された後は長岡謙吉らと海援隊を統率し、慶應四年（一八六八）、幕府瓦解による流人反乱を防ぐため、讃岐塩飽《しわく》諸島の鎮撫に活躍する。

新海援隊に参加したのは長岡謙吉、宮地彦三郎、島村要（土岐真金）を含めた十二名で、大半が土佐藩出身者だった。

島民たちからは「活き仏さま」と崇められ、今でも、島村要（土岐真金）の「島」の字と、八木彦三郎（宮地彦三郎）の「八」の字を取りあわせ命名された「八島神社」が祀られている。

維新後、軍務局に出仕。のちに土佐に帰国し陶工業を営み、陶工業振興に尽力。大正十一年（一九二二）十月二十一日没。

（4）犯行後の生存者——中岡慎太郎の証言

天保九年（一八三八）、土佐国安芸郡北川郷柏木村の大庄屋・中岡小伝次の長男として生まれる。

武市半平太に剣術を学び、文久元年（一八六一）には武市が結成した土佐勤王党に参加。

文久三年（一八六三）、土佐藩で尊攘派への弾圧が始まると脱藩して長州藩に亡命。以後、長州藩内の脱藩尊攘派志士たちの指導者となる。

長州側として禁門の変、下関戦争を戦った後、雄藩連合による武力倒幕論を提唱し、坂本龍馬と共に薩長同盟の締結に奔走した。

慶應二年（一八六六）一月二十一日、志士たちの悲願であった同盟を成功させる。

翌年二月、脱藩罪を許されると、五月には土佐の板垣退助、薩摩の西郷隆盛、小松帯刀との間で倒幕のための薩土密約を締結。

六月、京都で陸援隊を組織して自ら隊長となり、武力討幕を推進した。

十一月十五日夜、坂本龍馬と共に京都近江屋で暗殺される。のちに贈正四位。

中岡慎太郎

龍馬と共に近江屋で襲撃された時、佩刀を屏風の後ろに置いていた中岡は、短刀を抜いて刺客が打ち込む斬撃を防いだ。

中岡の傷は深く、昭和二年の田中光顕の証言によれば「中岡は十一ヶ所の傷で、右手などは皮だけ残ってブラブラして縫い直すこともできない状態だった」(「田中光顕口述」『雋傑坂本龍馬』)というものだった。

だが、意識のあった中岡は集まった同志たちに、次のように襲撃時の模様を証言したという。

「誠に遺憾千万であるが、この通りの有り様である。早く(佐幕派を)やらなければ君達もやられるぞ。早くやらなければいかぬ」

「実にどうも鋭いやり方で自分等も従来油断はせぬが、何しろ非常な武辺場数の奴に相違ない。自分等二人がいて不覚を取ることはせぬ筈だが、どうする間もない。たった『コナクソ』と言う一言でやられた」

(島内登志衛編「明治三十九年谷干城講演」『谷干城遺稿』 靖献社 明治四十五年)

「突然二人の男が二階へ駆け上って来て斬り掛かったので、僕はかねて君(田中光顕)から貰っていた短刀で受けたが、何分手許に刀が無かったものだから不覚を取った」

(岩崎鏡川編「田中光顕口述」『坂本龍馬関係文書』 日本史籍協会 大正十五年)

「（刺客は）階を鳴らして大声で放歌して去った。卑怯にくむべくも剛胆また愛すべし。尋常の士にあらず。彼の如くして初めて大事を成す」

（坂本中岡両先生銅像建設会編『雋傑坂本龍馬』秀英舎　昭和二年）

中岡慎太郎の証言の謎

近江屋襲撃後、二日間存命して貴重な証言を残したとされる中岡慎太郎だが、現場に駆け付けた海援隊士、また実行犯集団であったとされる見廻組の隊士たちの証言とは相違する点が多い。

前述のように谷干城、田中光顕は襲撃後も中岡の意識ははっきりしていたと証言している。また、海援隊士・千屋寅之助は中岡の義兄・中岡源平への手紙で、

「慎太郎君は重傷には有之候得共、言語相通じ、其場之始末ほぼ相手分り候」

と記述しており、中岡が重傷ながら事件について、ほぼ一部始終を詳しく語ったことが記されている。

千屋は別名を菅野覚兵衛。龍馬の死後、長岡謙吉と共に海援隊を統率し、翌年の慶應四年には龍馬

の妻・お龍の妹である君枝と結婚している。

しかし、前述のように海援隊士・土岐真金の「土岐真金履歴書控」には襲撃後の中岡は何も語ることができないほどの重傷だったことが記されている。

同じ犯行現場に駆け付けた海援隊士の証言すら相違しているのはどうしてだろうか。

重傷による意識が混濁した状態での証言なので実証には値しないのか？　それとも土岐真金の証言のように最初から何も語っていないのか？

（5）龍馬殺害者と自認した三人――京都見廻組隊士たちの証言

自らを坂本龍馬殺害者と認め、伝え遺した人物には京都見廻組隊士の今井信郎、渡辺篤、桂早之助の三人がいる。

今井は生涯において四つの証言をし、その内容は刊行物によって公にされている。

渡辺は生前、龍馬殺害事件について記述し、死後、その遺稿が実弟と門人によって新聞社から発表された。

桂は一振りの脇差を家族に遺して戊辰戦争で戦死する。生前、家族にその脇差によって自分が龍馬を斬ったと語ったという。

高知出身の漢学者・川田瑞穂は桂の娘婿である桂利器《としき》に取材し、桂が遺した脇差をも確認した上で発表することとなる。

第一の「龍馬を斬った男」京都見廻組肝煎・今井信郎

天保十二年（一八四一）十月二日、旗本・今井安五郎の長男として生まれる。嘉永三年（一八五〇）、十歳で元服して為忠と名乗り、この年より湯島聖堂に出仕。安政五年（一八五八）、直心影流・榊原鍵吉の門下に入り、二十歳で免許皆伝を受け、講武所師範代を拝命した。江戸城二の丸火之番をつとめていた慶應三年（一八六七）五月、二十七歳の時、京都見廻組勤務を命ぜられ、同年十月に上京。

今井信郎

大政奉還後は箱館戦争まで戦い、箱館政府では海陸裁判役兼軍監を務める。明治三年（一八七〇）、五稜郭陥落後に降伏。同年、刑部省及び兵部省において坂本龍馬暗殺への関与を自供。裁判により禁固刑となり、明治五年（一八七二）に特赦により釈放された。

明治九年（一八七六）、十等出仕の伊豆七島巡視を命ぜられたが、翌年に西南戦争が勃発すると依願退職して東京に出る。幕臣時代の部下を集め、警視徴募隊一等中警部心得となるが、出発前に西郷自決の報を受け部隊は解散する。

警部の職を辞した後は静岡県榛原郡初倉村（現・静岡県島田市）に帰農し、初倉村の村議及び村長を務める。

後半生はクリスチャンとして生き、同じクリスチャンである龍馬の甥、坂本直《なお》が主宰した龍馬の法要にも出席している。大正七年（一九一八）没。

三男の今井健彦は衆議院議員。農林参与官、商工政務次官、文部政務次官を歴任。

今井信郎の四つの証言

今井は明治三年に刑部省と兵部省で供述し、三十三年に旧知の甲陽鎮撫隊士・結城無二三の息子、礼一郎に近江屋事件の顛末を語る。その内容は『近畿評論』に掲載された。四十二年には大阪新報社の記者の質問書に返信する形で事件について述べている。

また、息子を中心とした家族に「今井家口伝」として龍馬殺害について語り遺したという。今井家口伝は孫にあたる今井幸彦氏の著書に記載されている。

ではまず、明治三年に供述した二つの口書を見てみよう。少々長いが、貴重な記録で興味深い内容である。

①明治三年　形部省口書

箱館降伏人

元京都見廻組
今井信郎　口上
午三十歳

（上略）十月中頃、与頭佐々木唯三郎、旅宿へ呼び寄せ候に付き、私ならびに見廻組渡辺吉太郎、高橋安次郎、桂隼之助、土肥仲蔵、桜井大三郎まかり越し候ところ、唯三郎申し聞き候には、土州坂本龍馬不当の筋これあり。

先年伏見において捕縛の節、短筒を放ち、捕手のうち伏見奉行組同心二人打ち倒し、その機に乗じ逃げ去り候ところ、当節、河原町三条下ル町土州邸向町屋の旅宿のまかり在り候に付き、この度は取り逃がさざるよう捕縛致すべく。万一手にあまり候へば、討ち取り候様、御差図これあるに付き、一同召し連れ、出張致すべし。

もっとも龍馬儀、旅宿二階にまかり在り、同宿の者もこれあり候よしに付き、渡辺吉太郎、高橋安次郎、桂隼之助は二階へ踏みこみ、私ならびに土肥仲蔵、桜井大三郎は台所へんに見張りおり、助力致し候の者これあり候はば、差図に応じ相防ぐべき旨にて手筈相定め、

同日暮れ八つ時頃、一同龍馬旅宿へ立ち越し候節、桂隼之助儀は唯三郎より申し付を受け、一足先へまかり越し偽言をもって在宅有無相探り候ところ、留守中の趣に付き、一同東山あたりを

逍遥し、同夜五時ごろ再びまかり越し、松代藩とか認めこれある偽名の手札差し出し、先生に面会相願いたき段申し入れ候ところ、取り次ぎのもの二階へ上り候、跡（後）より引き続き、かねての手筈の通り渡辺吉太郎、高橋安次郎、桂隼之助、付け入り。

佐々木唯三郎は二階上り口にまかり在り、私ならびに土肥仲蔵、桜井大三郎はそのあたりに見張りおり候ところ、奥の間にまかり在り候、家内の者、騒ぎ立ち候に付き、取り鎮め、右二階上り口へ立ち帰るや候ところ、吉太郎、安次郎、隼之助二階より下り来たり。

龍馬そのほか両人ばかり合宿の者これあり、手に余り候に付き、龍馬は討ち留め、外二人の者切付け疵負はせ候へども、生死は見留めざる旨、申し聞け候につき、左候へば致し方これなきにつき、引き取り候様、唯三郎差図に付き、立ち出で銘々旅宿へ引き取り、その後の仕末は一切存ぜず。

勿論、龍馬儀、旧幕にていかようの不審これあるものにや、前件の通り、新役の儀につきさらに承らず。

かつ旧幕にて閣老等重職の命令を御差図と相唱へ候につき、そのあたりよりの差図か。または見廻組は京都守護職付属につき、松平肥後よりの差図にや、これまた承知仕らず。（下略）

〈今井信郎刑部省口書訳〉（傍線部筆者）

十一月中頃、与頭・佐々木唯三郎が旅宿に呼び寄せたのは私（今井）ならびに見廻組の渡辺吉太郎、高橋安次郎、桂隼之助、土肥仲蔵、桜井大三郎の六人。

そこで唯三郎から告げられたのは、

「土州坂本龍馬は不審者として先年伏見で捕縛するとき短筒で伏見奉行同心二人を射殺し、その機に乗じて逃走したが、ただ今、河原町三条下ル土佐藩邸の向かいの町屋に宿泊している。今度は逃さず捕縛いたせ。万が一、手に余れば討ち取っても差し支えない。これから全員で出動する」

もっとも龍馬は二階で同宿の者もいるようなので、渡辺吉太郎、高橋安次郎、桂隼之助の三人は二階に踏み込み、私と土肥仲蔵、桜井大三郎は台所あたりで見張り、もし敵の協力者が来れば指図に応じて防ぐようにと手筈を定めた。

昼八ツ頃（午後二時）近江屋に着くと、桂隼之助が佐々木唯三郎から命じられ、偽って一足早く龍馬の在宅を確かめると、留守ということから一同は東山あたりを逍遥し、夜の五ツ頃（午後7時～9時）再び訪れた。

松代藩のものという偽の手札を差しだし、先生（龍馬）に面会を願う旨を告げて、取次のものが二階に上がる後ろから手筈通り渡辺吉太郎、高橋安次郎、桂隼之助と続いて入っていった。

佐々木只三郎は二階の上り口におり、私と土肥仲蔵、桜井大三郎はそのあたりを見張っていた。

奥の方の者（近江屋新助の家族）が立ち騒ぐので取り静め、右の階段上がり口に立っていると、吉太郎、安次郎、隼之助が二階から降りてきた。

「（彼らから）龍馬他二名の者、手に余ったので龍馬は討ちとり、二名の者は斬り付け傷を負わせたが生死は見届けていない」

との旨を聞いた。

致し方ないことなので引き上げようと唯三郎が指図するので、各自、旅宿に引き上げた。その後のことは一切存ぜぬ。

勿論、龍馬は旧幕府にとっていかにも不審なことがあったので件のような役目のことは当然であった。

旧幕府の閣老等の重職辺りからの指図であろうか。または見廻組は京都守護職付属につき、松平肥後（松平容保）よりの指図か、これもまた分からない。

ではもう一つ兵部省における今井の供述はどうであったろうか。

兵部省　今井信郎口書（明治三年二月）

坂本龍馬を殺害の儀は、見廻組頭佐々木唯三郎より差図にて龍馬事不軌を謀り候に付き、せんだって召し捕りにかかり候ところ、取り逃し候に付き、此度はきっと召捕り申すべく、万一手に余り候節は打果し申すべき旨、差図これあり。

私儀は上京早々のことゆえ委細の儀は承知つかまつらず候えども、佐々木唯三郎先立ち、渡辺吉太郎、高橋安次郎、桂隼之助、土肥仲蔵、桜井大三郎、私、都合七人にて瓦（河原）町三条下ル龍馬旅宿へ昼参り候ところ、同人留守にて、其夜五つごろ再び参り候ところ在宅に付き、佐々木唯三郎先へ参り、跡（後）よりただちに桂隼之助、渡辺吉太郎、高橋安次郎、二階へあがり、私、ならびに土肥仲蔵、桜井大三郎は下に控へ居り候ところ、二階の様子は存じ申さず候えども、二階より下り申し聞き候には、召し捕り申すべくのところ、両三人居合せ候間、よんどころなく打ち果たし候旨申し聞き、ただちに立ち退けと申すことゆえ、一同右場所立ち退き、二条通りにて高橋、渡辺両人は見廻組屋敷へ帰り、佐々木は帰り、私どもは旅宿におり候間、旅宿へ帰り申し候（下略）

〈今井信郎兵部省口書訳〉（傍線部筆者）

坂本龍馬を殺害した件は、見廻組与頭佐々木只三郎の指図による。龍馬が叛逆を企んだので、先だって召し捕ろうとしたところ取り逃がしてしまったので、
「今度はきっと召し捕るべし。万が一手に余れば討ち果たせ」
という命令だった。

私は上京して間もなかったので詳しいことは承知していなかったが、佐々木只三郎を先頭に渡辺吉太郎、高橋安次郎、桂隼之助、土肥仲蔵、桜井大三郎、そして私の合計七人で河原町三条下ルの龍馬下宿へ昼に参ったところ、龍馬は留守だった。

そこで、その夜の五つ時（午後七時〜九時）に再び参ったところ、在宅していたので佐々木只三郎が先に乗り込み、そのあとすぐに桂隼之助、渡辺吉三郎、高橋安次郎が二階へ上がり、私ならびに土肥仲蔵、桜井大三郎は下（一階）に待機していたので二階の様子は分からない。

二階から降りてきた者たちから、
「召し捕ろうと思ったが三人もいたのでやむなく討ち果たした」

との旨を聞いた。

ただちに立ち退けと言われたので、一同近江屋を出て二条通りにて高橋、渡辺の二人は見廻組屋敷へ帰り、佐々木は帰り、その他私たちは宿屋に下宿していたので宿屋へ戻った。


以上が今井信郎口書二つの現代語訳というものである。

今井信郎のこの「口書（供述書）」は他の資料のような手紙や談話等の私的な伝聞情報でなく、刑部省、兵部省という明治政府の公的機関の取り調べの際に作成されたものだった。

今井は刑部省の方がより詳しく供述しているが内容はほぼ同様のものであり、襲撃メンバーに関しても佐々木只三郎、渡辺吉三郎、高橋安次郎、桂隼之助、土肥仲蔵、桜井大三郎、そして今井信郎の七人であると同じ証言を繰り返している。

二つの供述の相違点としては、刑部省口書では佐々木只三郎が今井たちと共に一階にいるが、兵部省口書では佐々木も渡辺吉太郎、高橋安次郎、桂隼之助らと二階に上がっている。

また、刑部省での、今井と土肥仲蔵、桜井大三郎三人が「奥の方の者が立ち騒ぐので取り静めた」という供述は兵部省口書にはなく、近江屋新助の証言にもない。

谷干城は明治になって京都を訪れた際、新助に会って事件について尋ねているが、新助の証言は前述したように、

『彼奴等（襲撃者たち）はどんどん二階に上がり、坂本の僕（従僕・藤吉）が斬り倒されて大きな声で叫んだので、（我々は）慌てふためいて逃げ出したから、後のことはさっぱり分らない』

というものだった。

本来であれば暗殺の目撃者をそのままにしておくはずもなく、今井はのちの明治三十三年の証言や今井家口伝では、自らが龍馬を斬ったと述べており、内容が口書と一致していない。

見廻組の公務と述べながらも、龍馬を匿っていた新助を捕縛せず、町奉行所の到着も待っていない。殺害後に素早く立ち去っていることからも、今井のこの「奥の方の者が立ち騒ぐので取り静めた」という供述に関しては偽証であるようだ。

今井は明治五年九月二十日、刑部省から禁固刑が申し渡されている。その申渡書は以下の通りである。

申渡

静岡藩
元見廻組
今井信郎

其の方儀、京都見廻組在勤中、組頭佐々木唯三郎指図を受け、同組の者共に、高知藩坂本龍馬捕縛に罷り越し、討果候節、手を下さずといえども右事件に関係致し、しかのみならず其後脱走に及び、しばしば官軍に抗撃、遂に降伏いたし候とは申しながら、右始末不届きに付、きつと厳科に処すべきところ、先般仰せ出だされの御趣意に基き、寛典を以って禁固申付る。

但し、静岡藩へ引渡遣わす。

今井は自供通り龍馬殺害の実行犯ではないとの判決が下ったが、事件に関与したこと、また箱館戦争に参戦した罪を問われて禁固刑となり、静岡藩士族・高倉清太郎へ引き渡されることになる。

②明治三十三年『近畿評論』五月号第十七号「坂本龍馬殺害者　今井信郎実歴談」

明治三年の取り調べにおいて龍馬殺害に関与していなかったと供述していた今井だが、その三十年後、自らを龍馬殺害実行犯と語り残すことになる。「近畿評論」において今井は次のように語っている。（以下要約、傍線部筆者）

当時の私（今井）は、坂本なんという奴は幕府のためにもならねば、朝廷の御ためにもなるものではない。只事を好んで京都を騒がせる悪漢ゆえに、是非斬ってしまわねばならぬと思っていた。

慶應三年十一月十五日の晩、桑名藩の渡辺吉太郎と桂迅（早）之助と、外にもう一人、都合四人で出掛けた。私は一番の年上で二十六歳、渡辺は二十四歳、桂は二十一だったと思う。桂は若いのに似合わず腕が立った（中略）

近江屋入口にて「信州松代藩の者」と名乗り、坂本に面会を頼むと取次ぎの者（藤吉）が立っていって階段を上った。

戻ってきた取次ぎに案内されて二階に行くと、二階の奥の八畳間に坂本と中岡が机を挟んで座っており、八畳間の手前には六畳の部屋があり、三人の書生がいた。

その六畳間を通り抜けて奥の部屋に入ると、私はどちらが坂本か分からなかったので早速機転をきかして、

「やや、坂本さん、しばらく」

と言うと、入口に座っていた方の人が、

「どなたでしたかねえ」

と答えた。

そこで素早く抜刀して斬り付け、横鬢を一つ叩いておいて、横に左の腹を斬り、それから踏込んで右からまた一つ腹を斬った。この二太刀で坂本はウンといって倒れた。

坂本をやったあと、素早く中岡の脳天を三つほど続けて叩くと、中岡もその場に倒れてしまった。

私が八畳間に入る前、後ろに続いていた渡辺吉太郎が鞘を立てて梯子を上がったことを怪しいと見た三人の書生が、ソレッと声を掛けたので渡辺吉太郎と桂早之助は書生たちと六畳間で斬り合った。

その間に私たちが八畳間で坂本たちを斬った。

書生は渡辺と桂に斬り立てられて、窓から屋根伝いに逃げてしまった。

翌日の市中の噂では新選組が紀州の三浦休太郎と一緒にやったのだろうという風評だった。

坂本を斬った晩、渡辺が六畳間へ鞘を置いて帰ってきたのだが、その鞘がよく紀州の士の差している鞘に似ていたので、ますます三浦の仕業に違いないということだった。

この実歴談の中で今井は桂早之助のことを「年は二十一歳。若いのに似合わず腕が立った」と証言しているが実際の桂はこの時三十三歳で一致していない。また、今井が語る状況場面にも不可解な点がある。

今井は龍馬のいる八畳間に入って龍馬に声をかけているが、部屋に入る前に今井に続く渡辺吉太郎の様子に書生が不審を覚え、六畳間で斬り合いが始まっている。背後で斬り合っているのに声をかけるも何もないであろう。

「三人の書生」の存在といい、今井の証言には不可解な点が多い。また、今井が今井家に語り残したという口伝とは要所の内容が大きく異なっている。

今井家口伝には、残された鞘、書生の存在について双方の事柄とも何も記されていない。

龍馬暗殺直後、生存していた中岡から襲撃時の様子を聞いていた谷干城は、近畿評論の記事を今井の売名行為と、明治三十九年の講演で激しく非難することとなる。

谷が中岡から聞いた内容と、今井の証言が相違するのは主に以下の四点。

○襲撃犯の人数　今井……四人。中岡……二人。
○名刺の名前　今井……松代藩。中岡……十津川郷士。

○机の有無　今井……龍馬と中岡は机を挟んで座っていた。谷……現場に机など無かった
○襲撃の様子　今井……自分が龍馬と言葉を交わしてから斬った。中岡……龍馬と二人で名刺を見ようとしている所を「こなくそ！」と叫びながら斬り込んできた。自分（中岡）が最初に斬られた。

かつての自らの犯行を証言した者――今井信郎、事件後に生存者から証言を聞いた者――谷干城、二者の語る内容は大きく異なっている。

明治に入り、旧友の結城無二三《むにぞう》に会いに来た今井信郎は、結城の息子、礼一郎に対し、龍馬暗殺の際に自分が龍馬を斬ったことについて語った。

結城礼一郎により大正十三年に刊行された『旧幕新撰組の結城無二三――お前達のおぢい様』の中では、礼一郎が今井から聞いた話が、その後どのような経緯で『近畿評論』に掲載されたかが記されている。

「今井さんから伺った話をそのまましまっておくのは勿体ないと思ったから、少し経って『甲斐新聞』へ書いた。

もとより新聞の続き物として書いたのだから事実も多少装飾し、龍馬を斬った瞬間の光景なぞ大いに芝居がかりで大向こうをやんやと言わせるつもりで書いた。ところがこれが悪かった。後

になって大変なことになってしまった。

というのは、その時、甲斐新聞の編輯長に岩田鶴城という男がいた。京都の人で、その後お父さんが大阪で帝国新聞をおこしたときにも参加して京都支局で働いていた者だ。この岩田が甲斐新聞をやめて京都に帰ったとき、京都で発行されている近畿評論という雑誌へお父さんの書いた今井信郎の話をそっくりそのまま寄稿した。確か明治三十三年頃の事だったと思う。」

つまり、近畿評論に掲載された「坂本龍馬殺害者　今井信郎実歴談」は、今井から話を聞いた結城礼一郎が甲斐新聞に書いたものであり、その後、この記事は甲斐新聞編集長であった岩田鶴城によって近畿評論に寄稿されたのだ。

今井に売名行為の意図はなかったと結城礼一郎は以下のように述べる。

「今井さんは決して自ら名乗って出たのでもなんでもない。滅多に口を開かなかったのを、自分の旧友の息子が強いてとせがんだのでやむを得ず話したのだ、無論それが新聞や雑誌へ出されようとは思っていなかったのだ。

谷さんも近畿評論の記事の出所をお調べになったら、あんなにまでムキになる必要もなかったろう。本当に残念なことをした。と同時にお父さん（結城礼一郎）は、お父さんの軽々しき筆の綾から今井さんに飛んだ迷惑をかけたことを衷心から御詫びする。（中略）

しかし、今井さんが坂本龍馬を斬ったという事は実際動すべからざる事実で、当時、新撰組に籍を置き、同時に見廻組とも最も親しく往来していた祖父様（結城無二三）が左様仰るのだから少しも疑う余地はない。」

では、結城無二三自身は龍馬殺害事件についてどのように述べているのだろうか。

「あの晩おれ達は近藤のところに集っていた。原田佐之助も一緒にいた。次の日にその評判を聞いて、これは中々腕の利いた奴が出てきたわいと話していたくらいだ。その後それは今井がやったのだと聴いて今井なら成程無理はないと噂したものだ（後略）」

しかし、結城無二三の証言と息子・結城礼一郎の文章には注意すべき点がある。

結城無二三は、自らを龍馬殺害実行犯と語り残した見廻組の今井信郎と桂早之助について、以下のように述べている。

「実際今井の短剣は当時江戸でも有名なもので、やっと云って構える…躰が剣の中へ隠れて仕舞うと云われたものだ」

「ことに桂は大わざで、ひとたび太刀を振りかざすと、すかりすかりと心地よく切れる。達人の域に達していた」

このように結城無二三が今井信郎、桂早之助を述懐する話が「旧新選組隊士・結城無二三」の証言として龍馬暗殺、新選組の資料として度々取り上げられているが、実は結城は新選組隊士ではなかった。これは結城無二三本人が、明治三十二年九月発行の「旧幕府」三巻四号で明言している。

新選組は鳥羽伏見の戦い後に江戸に帰還し、慶應四年四月二十九日、甲陽鎮撫隊を名乗って甲府へ出陣する。その準備期間中の二月中旬ごろ、甲府出身で近藤勇と面識のあった結城は地理嚮導《きょうどう》兼大砲差図役として、甲陽鎮撫隊に参加したのである。

すなわち、

「あの晩はおれ（結城無二三）達は近藤のところに集っていた」

という結城の証言は虚言ということになる。

このような本人が晩年になってからの事実とは異なる証言、そしてそれを盲信した親族、子孫の記録には注意が必要である。結城だけでなく今井、渡辺にも同様の類が見られ、事実を誤認させている。

また、今井信郎はのちの明治四十二年十二月、大阪新報社の記者・和田天華からの質問書に対し、以下のような返信を送っている。（前後略　傍線部筆者）

一、暗殺にあらず。幕府の命により職務をもって捕縛に向かい格闘したるなり

二、新選組と関係なし。余は当時、京都見廻り組与力頭なりし

三、彼（龍馬）、かつて伏見において同心三名を銃撃し、逸走したる問罪のためなり
四、場所は京都蛸薬師角近江屋という醤油店の二階なり

龍馬がかつて同心三名を銃撃して逃走した罪のために、捕縛に向かったものであり、暗殺ではなく幕府の命令による職務であったと述べている。

明治四十五年に和田が刊行した『阪本龍馬』には今井の返答書全文の写真が掲載されている。

③信郎口伝（今井家口伝より要約　傍線部筆者）

慶應三年十一月十五日、渡辺（吉太郎）と連れ立って家を出た信郎は与力頭佐々木只三郎の居所を訪れた。この日佐々木から呼び出しを受けたのは信郎の他、渡辺吉太郎、高橋安次郎、桂早之助、土肥伸蔵、桜井大三郎の六人。

佐々木が一同に告げるには、坂本龍馬、挙動不審であり、かつ前年伏見の寺田屋に逮捕に向かった際には短筒で同心二名を殺害。逃走中のところ、最近、河原町三条下ル醤油業近江屋新助方二階に潜伏中との情報があった。今回は絶対取り逃がさぬよう、同宿者などあって手に余る折は討ち取りも差し支えないとのことであった。

佐々木以下七人は手はずを整え、午後二時頃、佐々木の命でまず桂が一足先に近江屋を訪れ、虚言を持って在宅の有無を探った。留守とのことだったので東山あたりで時間をつぶし、夜八時近くになって、一同腰を上げた。

おそらく四条か三条大橋に差し掛かった頃、雨も上がり、各自、蓑や笠その他、後日の証拠になるような身の回り品をすべて鴨川の水に流した。そして斬り込みの順位をくじを引いて決めたところ、信郎は三番刀になったので憤慨し、引き直しを主張して今度は一番刀になった。

一同が目指す近江屋に近づくと信郎は歩度を早めて先に立ち、その戸を叩いた。これに応えて下僕が戸を開けたので、信郎は「松代藩のものだが才谷先生はご在宅か」と言いながら偽の名札を差し出した。才谷とはむろん坂本の偽名である。下僕はその名札を手に取って、「少々お待ちを」と言って、二階への階段を登っていった。と言うからには在宅間違いなしと速断した信郎は、その後を追い、一刀のもとに斬り伏せた。

そして刀を鞘に納め、何喰わぬ顔をして奥八畳の襖を開けた。見ると、男が二人、火鉢を囲んで向かい合わせに座っていた。

信郎はどちらが目指す龍馬か分からず、とっさの機転で、座ったまま「坂本先生、お久しぶりです」と丁寧に挨拶をした。

すると右手の一人が顎をなでながら「ハテ、どなたでしたかなァ……」と顔を向けた。間違いなしとみた信郎は、抜き打ちざま、その向けられた額を真横に払った。

驚いた左手の男（中岡）が、脇差をつかんで立ち上がろうとしたので、その抜く暇を与えず、拝み打ちの連打を浴びせた。中岡は脇差を半抜きに両手で捧げ持つような形で懸命に受けていたが、ついに倒れた。

その間、気を取り直した龍馬は、離れて置いてあった大刀の方へにじり寄って、敵に背後をさらけ出す無防備な体勢となっていたので、後ろから袈裟懸けに斬った。その時に龍馬は実に気味の悪い嫌な悲鳴を上げた。

続いての三の太刀を龍馬は辛うじて鞘ごと受けたが、信郎の刀はそれを刀身ごと削ぎとり、相手の体深く打ち込んだ。

それきり龍馬は動かなくなった。階段の方へいくと、二番刀、三番刀が白刃をひらめかせて駆け登ってきて、右手人指し指を味方の刃で切られた。

階下に降りると、佐々木只三郎が「早すぎて俺の出る間がなかった」と言いながら下駄を揃えてくれた。

実行犯に最も近く、そして実行犯にはなり得ない人物――今井信郎

今井信郎の孫である今井幸彦氏はその著書『坂本龍馬を斬った男』で様々な資料を分析し、祖父、信郎こそが「龍馬を斬った」実行犯であると結論づけている。

これは祖父が暗殺者であったことの肯定ではなく、子孫として龍馬殺害が暗殺という違法のものではなく、当時の警察機構の者による公務の執行だったという正当性の主張と思える。

確かに公的な供述では多聞を憚り、見廻組の上役、同志を気遣わなければならないのに対し、家族に伝える話ならば忌憚のない内容を述べることができる。

だが、「今井家口伝」として伝わる話には、暗殺状況と相違する大きな矛盾がある。

今井幸彦氏も認めるように龍馬暗殺事件における今井信郎の言葉には、虚言、率直に言えば「嘘」が何か所も見られる。

龍馬を斬った状況について、家族に伝え残した内容は具体的な話であるが、

「下僕（藤吉）を奥八畳間に入る前に後ろから斬り伏せた」

「下僕を斬った後，刀を鞘に納めると何食わぬ顔をして奥八畳の襖を開けた」

という話自体が矛盾を多分に含む虚言の内容であるからだ。（後述）

忌憚なく家族に語った話が真実とはかけ離れていることは、今井信郎が実行犯ではないという事実を如実に示している。

現在の近代的検証によって、龍馬の背後に掛けられていた掛け軸に飛び散った血痕から、斬った実行犯も斬られた龍馬も共に「座った状態」であったことが判明している。

この事実は今井の証言と一致しながらも、武士が「案内なく入室して勝手に座る」という作法が有り得ないことから、今井の虚言を決定づけるものである。

一方で渡辺篤、中岡慎太郎、土佐藩士、他の関係者が「部屋に躍り込んで斬り付けた（斬り付けられた）」とする中で、唯一今井のみが「部屋で座ってから斬った」と語っており、今井は何らかの形で、真の実行犯から殺害状況の様子を聞いていたと思われる。

このことからも桂早之介、渡辺篤は龍馬殺害現場にいたことすら定かではないが、今井信郎が龍馬暗殺実行犯を実際に「知っていた」のは事実であろう。

また従僕の藤吉を斬った後、

「(信郎は)刀を鞘に納めると何食わぬ顔をして奥八畳の襖を開けた」

とあるが、真剣の刀はその鋭利さから人体を切った場合に多量の出血がある。

多量の血液は流れ出た直後は水のような液体状であるが、わずかな時間でそれは粘々とした糊状になり、次にカサブタのようなバリバリと皮膚に張り付いた状態になる。刀に付着した場合は凝固して刀身を覆ってしまう。

そのため武士の剣術の作法として、刀を使用した後は必ず「血振り」という動作で刀身から血を飛ばしてから、血を拭い、鞘に刀を納める。これを行わなければ鞘の中で血が凝固して刀身と鞘が固着し、鞘から刀が抜けなくなる。場合によっては鞘を割って刀身を抜かねばならない事態となる。

瞬時に鞘から刀が抜けなくては不覚をとるため、この「刀身から血液を除去する動作」は武士の心得として大変重要であった。

本来は懐紙等で刀を拭うが、戦闘中であれば血振りしたのち指で血を拭うようにして刀身を納め、戦闘後に革帯などで刀身を擦り、一刻も早く刀身から血液を除去する必要があった。

藤吉を斬った後、刀を抜いたまま龍馬の部屋に斬り込むならともかく、刀を再び鞘に納め、納刀した状態で龍馬と対峙するのは、血液によって刀身が鞘内部に貼り付いて瞬時に抜刀できない可能性が多分にある。実戦上の武士の心得からすると甚だ疑問を残す今井の行動である。

また、

「座ったまま丁寧に挨拶したあとに額を抜き打ちに真横に払った」

という表現も、聞いた側は今井が刀を自分の「左側」に置き、「右手」で抜いて斬り付けたと解釈するだろう。

だが、実際に武士の作法として害意がないことを示すために、他家へ入る際は必ず刀を「右手」に持ち、座る時は自分の「右脇」に刀を置くという作法が徹底されている。

今井が「左手」で抜いて斬り付ける、もしくは右手で掴んだ刀を瞬時に左手に持ち替えて右手で抜き打ちするという、特殊な抜刀動作を用いない限り、大刀による暗殺は不可能になる。

前述の武士の心得のように武士は全て右利きとして育成されるので、この「左手で斬る」、「左手から右手に持ち替えて斬る」という動作は通常の剣術、居合術にはない特殊な技法となる。しかし、今井は暗殺時の自身の動作について詳細に述べながらも、この点についてはどの証言においても全く述べていない。

返り血と匂い

血液は流れ出た時は液体状なので斬撃した衝撃で飛び散る。ましてや元相撲取りの大男一人を斬り倒すほどの斬撃を浴びせたならば、血は「返り血」として斬った今井の衣服に相当量が付着しただろう。

そして、襖を閉じた空間の中で、その血の香りは濃く匂ったはずだ。

今井が藤吉を斬り殺して奥八畳に入室したならば、龍馬、中岡が血の臭気に気づかぬはずがないが、二人ともそのまま話をしていたのだろうか。現代でも人を刺殺した人間が、犯行直後に手や衣類に何の血も付着しないということは考えられない。

今井信郎の孫、今井幸彦氏は著書『龍馬を斬った男』で信郎口伝について以下のように述べる。

「そこで問題となるのは、彼自身の口伝ということになってくる。しかし、これがまた大変厄介な代物なのである。元は一つであってもそれがただ一人仲介をおいて伝えられるだけで、もうそこに仲介者自身のなんらかの嗜好や脚色が絶対に入らないとはいえない。

現に筆者が父、伯父、伯母、大伯母などから幼児さんざん聞かされた「祖父伝」も、大筋においてさほどの違いがないとはいえ、やはり各人各様のニュアンスの差をもって語られていた。（中略）

のちに大問題となる結城無二三の長男・礼一郎氏に語ったものは、新聞記者としてさまざまな角度からの質問や話の巧みな引き出しかたによって原形はともあれ、おそらく一番まとまって述べられたものと言えるのではあるまいか。」

しかし、近畿評論の内容と今井家口伝は、「三人の書生」や「藤吉の殺害」など、龍馬殺害前後の内容があまりにも違いすぎる。

幸彦氏がこう記すのは、今井家口伝における内容の虚言箇所や辻褄が合わない箇所に対しての言い訳のように感じられる。

一方で口伝の内容をあくまでも信じ、龍馬殺害実行犯を祖父・今井信郎と確信している記述もある。そして、のちに龍馬殺害者と名乗り出た、元見廻組肝煎・渡辺篤を様々な角度から痛烈に批判している。

また、今井が龍馬暗殺実行犯集団の一人として名を挙げている渡辺吉太郎（吉三郎）は鳥羽伏見の戦いで戦死するが、この人物は渡辺篤とは別人である。

渡辺吉太郎は天保十四年（一八四三年）、江戸に生まれ、男谷門下で直心影流を学んだとされる。これまでの定説では今井の口書から桑名藩士とされてきたが、『京都見廻組役人名簿』によれば、渡辺吉太郎は元高二十俵一人半扶持の元神奈川奉行所支配組同心となっており、れっきとした幕臣である。

『明治二九年　戊辰東軍戦死者追悼碑建設趣意書』では【内藤七三郎付属・見廻組肝煎　渡辺吉三郎（一作吉太郎又は吉次郎）（二十七才）】の記載があり、桑名藩からの助っ人ではなく、正式な京都見廻組隊士であったことが記されている。

渡辺吉太郎は元治元年七月、神奈川奉行所から京都見廻組に「見廻組」として登用されて江戸から京都に赴任し、のちに今井信郎や渡辺篤と同格の「肝煎」となる。

慶應四年（一八六八）一月三～五日頃、鳥羽伏見の戦いにて戦死。桂早之助と同じく大阪の心眼寺に葬られる。桂と同様、渡辺吉太郎の墓石も心眼寺に現存している。

今井が存命していた渡辺篤の名を隠蔽するために、戊辰戦争で戦死していたとされる渡辺吉太郎の名を供述したとする説があるが、明治三年の時点で渡辺吉太郎を桑名藩士と誤認していることから、その説は当てはまらない。

今井本人が証言しているように、今井は龍馬暗殺の一か月前、慶應三年十月に江戸から京に赴任したばかりだった。十月十四日には大政奉還の朝廷への上表によって江戸幕府が終焉している。

見廻組は新選組よりはるかに大きい組織であり、頭兼頭取であった佐々木只三郎と同格の「頭取」が複数在任しており、その規模は約四百人とも言われる。

今井は渡辺吉太郎を桑名藩士と誤認しているだけでなく、結城礼一郎に対し、桂早之介について「年は二十一歳。若いのに似合わず腕が立った」と語っている（実際の桂は当時三十三歳）。これらのことから一か月前に赴任したばかりの今井は、龍馬暗殺のために見廻組各隊から集められた実行犯メンバーについて、任務終了後もよく知らなかった可能性があることが示唆される。

また今井実行犯説で散見される、「今井信郎の剣名は新選組の服部武雄と共に双璧として京洛に知れ渡っていた」という話も事実ではないと考えられる。

今井の剣の実力はその経歴からも確かなものと思われるが、十月に江戸から赴任したばかりの今井が、大政奉還後、すでに幕府が権力を失った京洛で知れ渡るほど剣を振るったのだろうか。

江戸幕府が瓦解した後にも見廻組の隊務は継続されていたが、それは同年十二月九日の王政復古の大号令による京都守護職解体までのわずか二か月未満にすぎない。ましてや京の人々の関心は約二百五十年続いていた幕府の終焉のことばかりであっただろう。

しかも並び称されている服部武雄は同年三月に新選組を脱退して御陵衛士に所属しており、龍馬暗殺の三日後、十一月十八日に油小路事件で闘死している。

今井と服部が同時期に京にいたのは約一か月であり、両者が京洛で並び称されるにはあまりにも時が短すぎる。今井が京で見廻組隊士だった期間は実は三か月もないのだ。

今井の四つの証言のうち、近畿評論と晩年の今井家口伝が第三者の解釈が入ったものとするならば、刑部省・兵部省口書と和田天華への返答文が、確かに今井本人が残した証言ということになる。

明治三年に「二階で見張りをしていた」と供述した今井は、明治四十二年には「捕縛に向かい格闘した」と全く異なる証言を残している。

はたして今井は見張りをしていただけなのか？　それとも、龍馬を斬ったのか？

第二の「龍馬を斬った男」京都見廻組肝煎・渡辺篤

天保十四年（一八四三）十二月十八日、渡辺時之進の長男として京都二条城番屋敷に生まれる。

安政四年（一八五七）、二条城御門番見習となる。大野応之助から西岡是心流（剣術）の免許を受ける。他にも円明流剣術、荻野流砲術、無辺流槍術・柔術、日置流弓術、大坪流馬術などを習得。

元治元年（一八六四）、禁門の変の折には二条城を警備。同年九月二日、京都文武場剣術世話心得に就任。

慶應三年（一八六七）二月、二十五歳で京都見廻組に編入。四月肝煎介、八月肝煎と昇進。

同年十一月十五日、佐々木只三郎、今井信郎らと共に坂本龍馬と中岡慎太郎の暗殺に関与したという。

慶應四年（一八六八）、鳥羽伏見の戦いに旧幕府軍側として参戦。この頃に名前を「一郎」から「篤」に改名。

明治維新後は奈良県文武場教授、京都府立第一中学校教

渡辺篤（一郎）

授を歴任。

京都府知事・北垣国道の開いた京都体育場の撃剣教師も務め、明治十五年（一八八二）には京都体育場の撃剣大会で籠手田安定《こてだやすさだ》（山岡鉄舟の高弟。心形刀流、一刀正伝無刀流免許皆伝）と対戦している。

『渡辺家由緒歴代系図履歴書』

元京都見廻組隊士、渡辺篤は明治四十四年（一九一一）八月十九日に『渡辺家由緒歴代系図履暦書』を書いたとされ、その中で、自らの龍馬殺害の内容について記述している。そしてその四年後に生涯

を終える。
その内容は以下の通りである。（傍線部筆者）
「同年（慶應三年）十一月十五日、土州藩士坂本龍馬、中岡慎太郎なる者、潜かに徳川将軍をくつがえさんと謀り、
その連累四方に多々あるゆえに、見廻組組頭佐々木只三郎の命により、自分はじめ組の者、今
井信郎ほか三名申し合わせ、黄昏より龍馬の旅宿へ踏み込み、
正面に坐しおり龍馬へ切り付け、横にたおれしところを突込み、左右に両名おりし者、同時に
討ち果たし、そのうち一名が中岡なる者のよし、後日聞き込む。
従僕も相たおし即死す。一人命を助かりし者これは十三、十四くらいの給仕か、右の動作に驚
き自分の前の机の下へ頭を突込み平伏致しおる子供ゆえそのまま見逃し候。
従僕はよほど太り背高にて案内を乞うと二階より取り次ぎに降り来る。
偽名の名刺を差し出し、取り次ぎの従僕と共に二階に上り、直に正面に坐しおり坂本に切り付
け、龍馬、後口の床にある刀を取らんとせしも取り得ず相倒れ候。（中略）
刀の鞘を忘れ残し帰りしは世良敏郎という人にて、書物は少し読み候へとも、武芸のあまりな
き者ゆえ、鞘を残し帰るという不都合でき、帰途、平素剣術を学ぶこと薄きゆえ、息切れ歩みも
できがたき始末によって、拙子、世良の腕を肩に掛け、鞘のなき刀を拙子の袴の中へ縦に入れて
保護し、連れ帰り候（中略）

坂本を打ち果たすについては諜吏（密偵）、増次郎という者を相つかい、前々より、下宿所なり同氏（龍馬）の挙動等、探索いたさせ、（中略）

坂本をうちし翌日、近藤（勇）に頭佐々木出会う候のところ、夜前はおてがらやつたなと微笑致し候由承り候なり」

龍馬と中岡がひそかに徳川将軍家を転覆させようとした謀っていたため、見廻組頭・佐々木只三郎の命により、自分をはじめ、今井信郎、他見廻組隊士三名で旅宿（近江屋）に踏み込み、龍馬、中岡、従僕（藤吉）を殺害したことが記述されている。

また、

「龍馬を討った翌日、与頭の佐々木只三郎が新選組の近藤勇に会ったところ、近藤が『前夜はおてがらでしたな』と微笑したと佐々木から聞いた」

という箇所もみられる。

「永久に保存すること」という注意の書かれたこの書は、渡辺の死より七か月後の大正四年八月五日の大阪朝日新聞「阪本龍馬を殺害した老剣客——悔恨の情に責められて逝く——」の記事として世間に公表される結果となる。

大阪朝日新聞の最後には、

「委細は仏壇の抽斗《ひきだし》にある遺言状を見て呉れ、とのことに飯田氏と実弟安平氏と相謀って、この一大秘密を落もなく認められた記録を、遺言通り世間へ発表しやうと目論んでゐる」

と記載されている。

そして、大正四年九月一日、二日には『大阪朝日新聞京都附録』に「阪本龍馬を殺した剣客――発表された遺言の記録――上、下」も発表され、渡辺篤の名が世に伝わることになる。

しかし、十一年前の明治三十三年、『近畿評論』に今井信郎の「実歴談」が既に発表されており、渡辺は今井の証言を読み、売名目的で『渡辺家由緒歴代系図履暦書』を書いたのではないかと疑われることになる。

だが、渡辺は『渡辺家由緒歴代系図履暦書』の原本となる文章『履歴書原本』を明治十三年（一八八〇）六月二十五日付で書いたとしている。

そこには次のように記述されている。（傍線部筆者）

「同年（慶應三年）十一月土藩坂本良馬なる者、ひそかに徳川将軍くつがえさんとはかる者にて、連累諸方に多々あるゆえ、

頭佐々木只三郎ならび拙者はじめほか五名申し合わせ、夕方より、右良馬の旅宿へ急に踏み込み入り候ところ、

五、六名憤慨の士、居り合わせ、軽くあい戦い、首尾よくことごとく討ち果たし候なり。

右旅宿は河原町三条下る三、四丁目西側、醤油屋の二階におりて、才谷梅太郎と俗名ヲを唱え、潜居いたし候なり」

すなわち、

「佐々木只三郎、自分（渡辺篤）、他五名で近江屋に踏み込み、龍馬と居合わせた五、六名の憤慨の士と戦ってことごとく討ち果たした」

と記されている。

『履歴書原本』は近畿評論に今井の「実歴談」が発表される二十年前に書かれたとしているので、もしこれが真実ならば、明治三年（一八七一）に今井が刑部省で行った部外秘の証言以来の見廻組が龍馬暗殺の犯人であると記録した文章ということになる。

だがこの『履歴書原本』が、渡辺が述べるように確かに明治十三年に書かれたという証拠は何もない。

『渡辺家由緒歴代系図履暦書』には『履歴書原本』より詳しく龍馬暗殺状況が記述されており、

「世良敏郎という人が武芸未熟のため現場に刀の鞘を忘れて帰った。世良は普段、剣術を学ぶことがほとんどないため、息が切れて歩くこともできなかったので、自分（渡辺篤）が世良の腕を肩に掛けて、鞘のない刀を自分の袴の中に縦に入れて隠して連れて帰って来た」

という箇所がある。

世良敏郎という人物は見廻組に在籍していたことを確認できず、渡辺の虚言と言われてきたが、近年になり世良の実在が確認された。

今井は渡辺吉太郎が鞘を置いてきたと述べているが、いずれにしても今井も渡辺も犯行時に、実行犯メンバーの誰かが鞘を忘れたと証言している。

渡辺独自の証言として、見廻組が増次郎という密偵を使って龍馬の挙動を探索させていたという内容がある。

増次郎は乞食に変装して近江屋の軒下に横臥し、情報を探っていたという。この密偵からの報告により、手配を十分に協議したうえで近江屋に踏み込んだとしている。

渡辺は十一月十九日頃に龍馬を討った功として、十五人扶持を月々貰うことになったと記しており、一人扶持は日に米五合、十五人扶持は一日七升五合となることまでも付記している。

渡辺は襲撃の状況を詳細に記述しているが、不思議なことに今井と違って実行犯名のうち、自分、今井、佐々木、世良以外の残り三名の名前を明らかにしておらず、今井の証言に出てくる現在有力な龍馬暗殺実行犯の一人とされている桂早之助の名前もない。

残された鞘──「武士の心得」における下げ緒の扱い

『渡辺家由緒歴代系図履暦書』には、世良敏郎という人物が「武芸のあまり無き者ゆえ」、現場に鞘を落としたため抜き身の刀を渡辺の袴に入れ、「平素剣術を学ぶこと薄きゆえ」、息が切れて歩行もままならなかったので、渡辺が肩を貸して連れ帰ったと記述されている。だが、この世良敏郎という人物は今井の供述、証言には出てこない。

武士の心得として戦いに臨む前、鞘が腰から抜け落ちないように下げ緒を袴の腰紐に絡ませ結わえ付けておくのは剣を学ぶ者の常識である。

現場を去るまで鞘のないことに気づかなかったのならば、襲撃後、ずっと刀を抜き身のまま下げていたことになるので、武士の作法として不自然である。武士の世界では例え親しい間柄であろうと、刀を抜いたまま相対するというのは大変な非礼になるからだ。

そして、なぜそのような武芸未熟なものが刺客に選ばれたのか？　という矛盾がある。近江屋事件は桂早之助の残した由緒書きからも、見廻組与頭・佐々木只三郎による人員の選抜など用意周到に計画されたものだった。始めから世良のように武芸が未熟な者と分かっている者を実行犯メンバーに選ぶとは考えにくい。

また、近江屋を出るまで鞘を忘れて抜き身を下げている世良に「同行者の者たちが誰も気づかず、注意しなかった」とすれば、斬り合いが済んでも納刀しないで帰路につく世良に注意が向かず、重要な証拠品を現場に残して立ち去っていったことになる。

世良本人だけでなく、実行犯メンバー全員が著しく動揺していたことになり、龍馬と中岡を短時間で斬り倒し、素早く姿を消した手練れの刺客像とは行動が一致しない。

鞘を現場に忘れてきた人物を今井は「渡辺吉太郎」とし、渡辺は「世良敏郎」としているが、そもそも鞘は殺害現場に本当に残されていたのか？

「残された鞘」については「近畿評論」で発表されていることであり、渡辺は当時の記録を読みつつ、話す内容を作ったとも考えられる。

しかも犯行現場に残されたという鞘の遺留品については、今井の最初の供述である刑部省及び兵部省口書や晩年の今井家口伝には全く記述がない。

渡辺家履歴書の疑問点

二十一世紀の近代的検証から試みてみると、唯一の物的証拠である掛け軸の血痕から、龍馬と刺客が「互いに座った状態」にあり、その位置から龍馬は額を横に斬られたことが判明している。

渡辺が記述しているように、部屋に突入して座っている龍馬に斬り込むという行動からは、このような傷はつかない。また、渡辺の記述には、

「坂本の他に五、六人の士が居合わせたが、ことごとく討ち果たした」

というように明らかに事実と異なる箇所がみられる。近江屋で龍馬と共に斬られて死亡が確認されているのは中岡、藤吉のみである。
すなわち、今井自身が語り残した口伝にも要所に虚言（嘘）が見られるのと同じように渡辺の話にも虚言があるのだ。今井信彦の孫、今井幸彦氏は著書『坂本龍馬を斬った男』で以下のように述べる。

「なぜ（渡辺）篤はこんな大芝居を打ったのだろうか。筆者の想像に過ぎないが、篤が臨終近い枕頭に呼んだのは弟と弟子だったこと、娘きみ女は転々と居場所を替え、親子の仲もなにかすっきりしないこと、決して売却相成らずの家訓を自ら犯して刀を売りに来た一説のあること、などの諸点を勘案すると、おそらく跡継ぎの男子にも恵まれず、娘も嫁入りしたのかどうか、その晩年は不遇で孤独なものだったように思われる。いってみれば、貧しい孤独な老人の、たまたま同姓にヒントを得た夢物語であり、また、なにか人びとの引いてみたくなった寂しさからであろう。まこと気の毒な老人である。その老人のささやかな夢を、跡形もなく粉砕してしまったことは、たとえ故人といえ、申し訳ない気持である。」

また、渡辺篤説に深く傾倒していた在京都高知県人会会長であり、『坂本龍馬』の著者である川本直水が、渡辺の「龍馬を斬った刀」――出羽大掾藤原国路を拝見した際の印象について、
『瀬尾氏（渡辺篤の孫弟子。渡辺の死後、遺稿の全文と刀剣三振りを遺族から譲られ所蔵）が私

の前で抜いた竜馬暗殺の二尺五寸の太刀・国路には今もところどころに黒い人の血の染みがみられ、これは当人の考え方として、竜馬暗殺の唯一の大事な証拠として手柄のつもりで遺したものと思うが…』

と発表したことに関して、幸彦氏は以下のように痛烈に批判している。

「こうした事実と考え方を、きわめてもっとも、と受け取るか、なんとも不自然と考えるかは各人の自由である。ただ筆者としては、百余年前の『龍馬の血痕』などは『頼朝公十三歳の時のお骨』式ユーモアとは感じても『唯一の証拠』などとは考えられない」

はたして、渡辺の晩年が幸彦氏の想像通りであったかは分からない。渡辺の遺稿に多くの疑問点があるのも事実だ。ただ、これは史学的検証からは離れることだが、一点だけ注目されるのは渡辺篤の「目付け」である。

現存する明治期の写真、壮年の渡辺の「目付け」は力みすぎず、緩みすぎず、虚勢もなく、強固な意志を感じさせる目はただ真っすぐに前を見つめている。

一見静かにも見えるその姿は、幕末の武士たちの写真の中でも群を抜いて独特の凄みがあり、渡辺が修羅場を潜り抜けた一流の剣客であったことを物語っている。しかし、晩年の写真では老年とはいえ、やや伏し目がちの姿は全体的に覇気が感じられない。

居合わせた複数の男たち（書生）と見廻組の斬り合いについては近畿評論の「実歴談」にも記述されているが、刑部省及び兵部省口書や今井が家族に伝え遺した今井家口伝には「居合わせた複数の男たち」の存在などは出てこない。

渡辺が龍馬殺害事件の際、近江屋に赴いたのは有り得ることと思われるが、記述している殺害時の内容が実際の殺害状況と一致していないのだ。

そしてその内容は「佐々木只三郎の命で宿に踏み込む」「取り次ぎの従僕（藤吉）と共に二階に上がる」「座っていた龍馬に斬り付ける」「居合わせた男たちと斬り合う」「仲間の一人が鞘を落として帰る」「翌日、犯人は新選組と噂されていた」等、近畿評論に見られる記述であることから、渡辺が近畿評論の記事をもとに自らを龍馬殺害実行犯としたと考えざるを得ない。これは老年になった元武士の「矜持」からだったのだろうか。

書生との斬り合い——今井と渡辺の証言の真偽

実行犯集団の一人である今井信郎は『近畿評論』では三人の書生がいたと述べており、渡辺篤も遺稿に龍馬の他に五、六人の士が居合わせていたと記述している。

事件当日、またその以前に近江屋を訪れた岡本健三郎、田中光顕、谷干城、福岡孝悌、菊屋峰吉、また襲撃後の中岡慎太郎の証言からも、今井が言う「見廻組と斬り合った書生」の存在は語られていない。

この「書生三人」を土佐藩士たちが証言しないのは、龍馬の「船中八策」を、後藤象二郎一派をはじめとする土佐藩の功とするために龍馬を暗殺したという、土佐藩側の証拠隠滅とする「土佐藩陰謀説」がある。

だが、龍馬の船中八策の後藤への提言には長岡謙吉も同席している。証拠隠滅をするならば長岡謙吉をも密殺しなければ意味がない。

また、龍馬、中岡の死により、のちの薩長藩閥政治をゆるし、勢力の著しい減退となったのは土佐藩であった。

薩摩、長州に大きく遅れをとっていた土佐藩側が、大政奉還後の新政権の中枢を担うであろう両藩の指導者たちと知己であった龍馬と中岡を殺害する危険を冒すとは考えられない。

龍馬暗殺の謎の追求の過程では、新事実や秘話と称して事実を混乱させる傾向が見られる。

岡本健三郎

今井が述べた「書生三人」を龍馬と同席したのが確かである岡本健三郎、山田藤吉、菊屋峰吉の三人とする説があるが、岡本、峰吉は実在が不確かな人物ではない。事件後も存命し、岡本は政治家、事業家として、峰吉は西南戦争に従軍し、二人とも明治の世で少なからず足跡を残している。
この二人が近江屋から逃げ出しながらも、何食わ

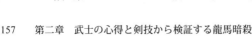

ぬ顔でまた近江屋に戻ってきたというのだろうか？

また「書生三人」が襲撃犯の見廻組に斬り立てられ、窓から逃走したとする今井の証言がある。

もし岡本健三郎が「書生」の一人だったとして、当時の土佐藩士の剛毅な気質から、海援隊士でもある岡本が同志である龍馬と中岡が襲撃されているのを見捨てて窓から逃げ出すだろうか？

しかも、見廻組の隊士は与頭の佐々木只三郎をはじめ、高橋安次郎、渡辺吉太郎、今井信郎、渡辺篤、桂早之助のいずれもが錚々たる剣客であり、実戦を潜り抜けた強者揃いであった。彼らと斬り合うのは岡本はともかくとして、帯刀もしていない（できない）町人の藤吉や峰吉では不可能だろう。

もし、見廻組隊士と斬り合うだけの剣の技量をもつ「三人の書生」が存在したならば、同席した岡本健三郎や菊屋峰吉、また随時龍馬を訪れていた土佐藩の谷干城、田中光顕、福岡孝弟、宮地彦三郎たちと当然面識があり、事件後の証言に出てくるはずだ。

彼らは誰も書生の存在など語っていない。また『土岐真金履歴書控え』による「坂本暗殺」についての証言には次のようにある。


「坂本龍馬の下宿で龍馬と中岡慎太郎が暗殺されたことを福岡藤次から知らされ、岡本健三郎と同行して近江屋に行った。

中岡慎太郎の介抱をして陸援隊の田中光顕などに連絡をした。田中の到着後、私らが龍馬と中岡が暗殺されたことを話し、中岡の遺言を伝えた」

これによれば、海援隊士の土岐真金は龍馬と中岡が襲撃されたことを福岡藤次（福岡孝弟）より聞き、岡本健三郎と同行して現場である近江屋に赴いたとある。

岡本が書生の一人とするならば、見廻組が近江屋に斬り込んだ際、斬り合った後に窓から逃走し、その後、衣服を整えてから何食わぬ顔で土岐と一緒に近江屋の行ったことになってしまう。

不意に襲撃されて斬り合った後であれば、尋常な心持ちではなかった上に、身体や着用していた着物も無傷ではなかっただろう。それを周囲に隠しつつ同志と共に現場に再び赴いたというのは無理がありすぎる。

渡辺篤は「龍馬を斬った時、十三、四くらいの給仕が机の下に頭を突っ込んで平伏していたが子供だったので見逃した」と証言し、この「給仕」が襲撃時に同席していた峰吉だとする説もある。

峰吉が事件後、襲撃前後の様子について証言しているのは、それが全て真実かどうかは別として事実ではある。

龍馬、中岡が斬られた現場は血糊で一杯だったはずだ。特に中岡は全身十数か所を斬られている。その現場である狭い八畳畳で同席した峰吉の服に血が付着しないわけがない。机から這い出して一階に降りるには龍馬、中岡、藤吉が斬られた部屋を通っていかねばならない。足には血がべっとりとついたであろう。

峰吉が襲撃時に同席していたのならば、恐怖で震えていた峰吉少年は近江屋を出て、どこかで服を替え、足を綺麗にしてから近江屋に戻り、龍馬暗殺の現場に再び立って、斬られた龍馬たちを見て驚いたふりをしたのだろうか？

ミステリーとしては面白いが現実的な面からは考えられない。そして、現場には渡辺が言うような机などなかった。谷、田中の証言のように龍馬と中岡の前にあったのは火鉢である。

これは「近畿評論」における今井が火鉢と机を間違え「机を挟んで座っていた」との証言を受けたものと思われる。

今井と渡辺の証言は書生や刀についての不可解な点だけでなく、内容が実際の状況に一致していないことから、むしろ二人が龍馬を斬った実行犯ではなかった事実を如実に証明していると言えるだろう。

なぜなら、もし本当に実行犯ならば、

渡辺篤――「二階に上がり、ただちに正面に坐っていた坂本に切り付けた」「居合わせた五人、六人も首尾よく討ち果たす」「父から贈られた刀、出羽大掾藤原国路で龍馬を斬った」

今井信郎――「くじ引きをして斬り込む順番を決めた」「奥八畳間に入る前に下僕を斬った」「入室して（龍馬に）声を掛けてから斬った」「中岡の頭を三回叩くと動かなくなった」

というような、実際の龍馬暗殺の状況とは一致しない証言をあえて伝え残す必要がなく、ただ事実を語ればよいはずだからだ。

証言が二転、三転し、不鮮明、不可解であるということは、すなわち「知らない」ということだろう。

龍馬が斬られた十一月十五日以降も見廻組の隊務は続いている。見廻組内部で事件について隊士同士が語り合う時間はあったと考えられる。そして、その後の戊辰戦争で見廻組は激しく戦い、多くの戦死者を出すことになる。
今井、渡辺の両者共、証言の内容が変わり、事実と明らかに違う点が少なくない。
後年の回顧や記録は往々にして自分を美化してしまう。事件関係者である本人が証言し、書いたものだからといって全てが事実ではないのだ。
渡辺篤　大正四年没
今井信郎　大正八年没
二人の元京都見廻組隊士は大正に相次いで亡くなる。
江戸時代から大正まで生き、龍馬殺害を自認した二人の証言はどこまでが真実なのだろうか。

第三の「龍馬を斬った男」京都見廻組伍長・桂早之助

桂早之助は京都所司代組同心の父、桂清助の長男として京都に生まれる。諱は利義。早之助は通称。

剣は西岡是心流で吉田嘉兵衛、大野応之助に師事。是心流兵法九ヵ条目録及び兵法目録の允可を受ける。特に小太刀の名手であったといわれ、のちに幕府が設立した京都文武場の剣術世話心得に命ぜられる。

安政元年（一八五四）四月六日、禁裏御所が炎上すると、禁裏御所警備勤番並びに炎上跡見廻り御用を勤め、朝廷より白銀五枚を賜る。

文久三年（一八六三）の「八月十八日の政変」では堺町御門の警備にあたり、朝廷より白銀三枚を、翌年六月の池田屋事件では浪士多数を捕縛して報奨金五両を賜っている。

元治元年（一八六四）三月三日、二条城内で催された将軍上覧剣術大会において、江戸講武所の剣客をことごとく破り、将軍家茂より白銀五枚を賜った。

慶應三年（一八六七）二月三日、京都見廻組に加入。桂の家録は当初四十俵三人扶持だったが見廻組加入により、七十俵五人扶持に加増されたという。そして同年十一月十五日の坂本龍馬暗殺に関与したとされる。

また、京都見廻組与頭・佐々木只三郎へ宛てた慶應三年（一八六七）六月付の自筆の由緒書（履歴書）が現存しており、この頃から龍馬暗殺のための刺客選出が行われていたと推測される。

慶應四年（一八六八）一月三日鳥羽伏見の戦いに参戦。四日、下鳥羽において左股を撃たれて戦死。遺骸は同志、後藤源左衛門によって大阪の心眼寺に葬られた。

桂早之助の実年齢と階級

桂早之助を「天保十二年（一八四一）生まれ」「京都見廻組肝煎」「行年二十八歳」等とする記載を見かけるが、現在、京都の霊山資料館に残されている桂本人による由緒書きによれば、慶應三年

（一八六七）六月の時点で「京都見廻組並」、「三十三歳」と自筆している。（江戸時代の年齢は数え年）よって、一八六七年に満年齢三十二歳の桂の生年は天保六年（一八三五）、行年は数え年で三十四歳になる。

見廻組関連の重要資料とされる「戊辰東軍戦死者霊名簿」の記載は明らかな誤りということだ。桂実行犯説が取り上げられるようになってから度々見られる若き天才剣士である桂が、佐々木只三郎によって龍馬暗殺に抜擢される、というような描写もまた事実とは異なる。

家督を継いでいる桂は十代から二十代で出仕しているはずであり、事件当時に三十三歳であれば既に熟練の同心である。

見廻組の階級（役職）は「与頭（与頭勤番含む）」、「肝煎（肝煎助含む）」、「伍長」、「見廻組」、「見廻組並」、「組御雇」、「組並御雇」からなっていた。

つまり、「見廻組」の名称は組織名であると同時に階級（役職）名でもあった。

幕臣集団であった見廻組の組織体制は浪人集団であった新選組のように、平民出身者が幹部を務めるどころか入隊すらできるものではなく、多くは幕臣としての身分により階級が定められていた。

幕府の身分制度は幕末においても厳格であり、桂のようにいかに剣技が優れていたとしても下級官吏である「同心」の身分からは、見廻組での階級は他の御家人同様に「見廻組並」が妥当であった。

「見廻組御雇」とされたのは御家人本人ではなく、その次男、三男の独立できずにいる「部屋住み」の者たちだった。

見廻組が勘定奉行に提出した『京師御用留』によれば、龍馬暗殺者のメンバーとされる高橋安次郎が元治元年六月二十三日に「見廻組御雇」として、渡辺吉太郎が七月二十日に「見廻組」として取り立てられている。

また渡辺篤は慶應三年四月に「見廻組」に任命され、のちに「肝煎」となっている。これは渡辺篤が既に二条御門番組において同心を指揮する「与力」の地位であったからだろう。

今井信郎のように御家人より身分が上の旗本の者は、見廻組任務の増大と隊士の増員のため、入隊時から平隊士たちをまとめる幹部「肝煎」として組み入れられたようだ。

余談だが見廻組は家族の帯同が赴任の条件とされており、今井も妻子を伴って慶應三年十月に江戸から京都に赴任している。この江戸から京都への引っ越し料は隊士たちにとって大きな負担だったようだ。『京師御用留』には京都見廻組隊士が家族同伴の引っ越しの際、幕府に対して役職に応じた引っ越し料を要求した記載が残されている。

左の由緒書には桂が「慶應三年二月」に京都見廻組に召し出され、階級は「見廻組並」、年齢は「三十三歳」であったことが自筆されている。

「龍馬を斬った刀」？

京都の霊山歴史館には「龍馬を斬った刀」として展示されている脇差がある。

刃毀れが複数あり、かなり錆が浮いている。この脇差は龍馬を斬った際の打ち合いで刃毀れしたと

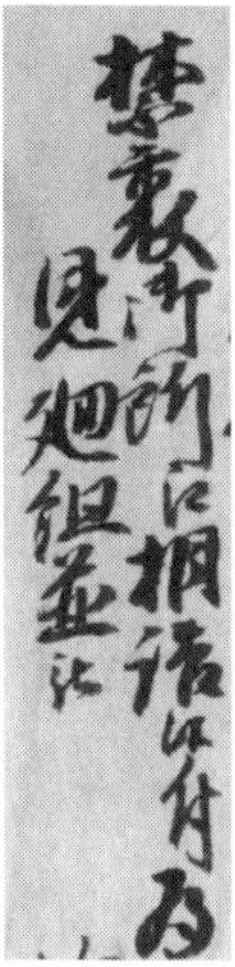

見廻組並

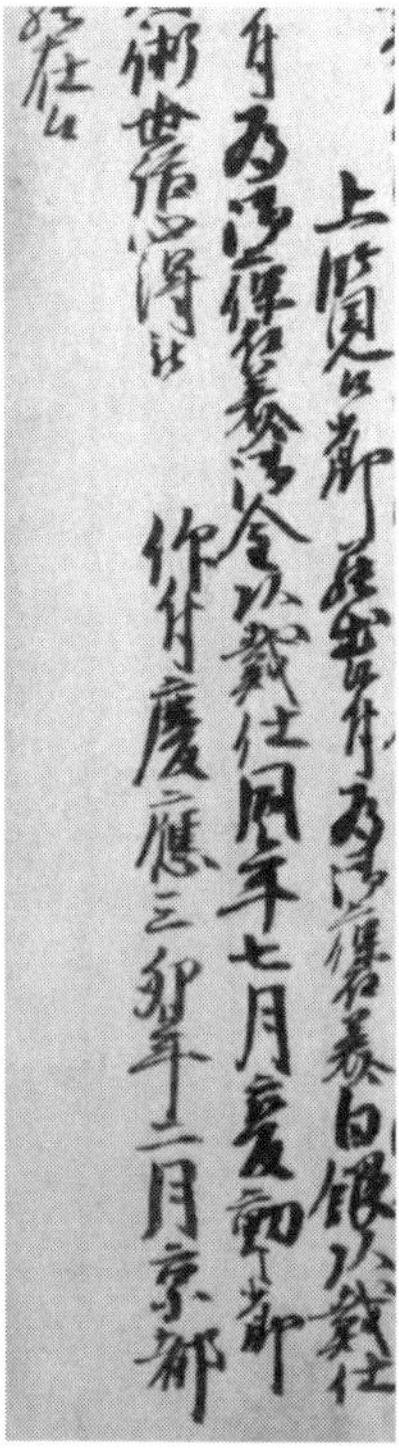

慶應三年二月

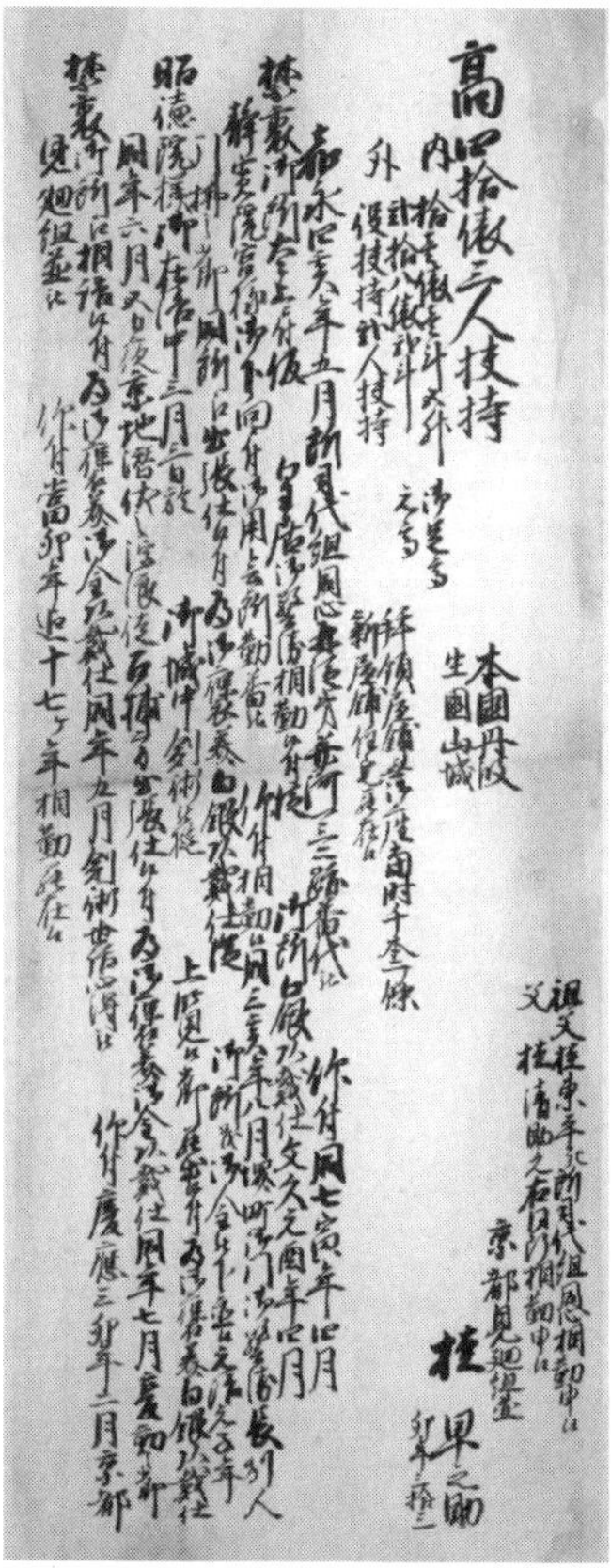

桂早之助　自筆由緒書
（霊山歴史館蔵）

桂早之助　三十三

いうが、武士の心得からすると不可解な点がある。

武士の心得として、斬り合いによって刃毀れが生じたならば、次の戦いで使用できるように研ぎに出す。

何故なら刃毀れが生じたまま、「手入れ」をしなければ、刃こぼれの箇所から錆が発生する。そのまま錆びるに任せたならば、どんな名刀でも当然ながら錆により地鉄が劣化していく。特に刃毀れの箇所に深い錆が生じると致命的であり、斬撃の衝撃で折れる可能性が大きくなる。そのため、真剣を使う者は刃毀れや錆の除去等の手入れに関しては大変に気を遣った。

桂ほどの剣客が斬り合いに使用した自分の刀を何の手入れもせず、放ったままにしておくことがあるだろうか。

桂は京都見廻組隊士として、龍馬暗殺一か月後の慶應四年十二月にも薩摩藩士と斬り合っている。つまり、戊辰戦争勃発前に刀を研ぎに出す時間はあったことになる。

王政復古の大号令後、新政府側と旧幕府側でまた戦闘が発生するであろうという状況で、武装警察ともいうべき見廻組の隊士であり、剣客でもある桂が使用した刀をそのまま手入れをしないで放置するということは考えにくい。

これは現代の軍人が戦闘で使用した銃の手入れをせず、戦争中にも関わらず錆びるにまかせて放っておくということがないのと同様である。

そして、最も疑問であるのは龍馬殺害に使用されたままの脇差ならば、血糊が付着しているはずということだ。

日本刀は指で触れて指紋が付着しただけで刀身に跡が残る。まして龍馬殺害時に使用されたのならば、血糊は凝固し、刀身に残るはずだ。血糊は擦っただけでは容易にとれるものではなく、完全に除去するためには研ぎに出さなければならない。研ぎに出していたならば、錆、刃毀れも除去されているはずだ。

桂は龍馬暗殺後の鳥羽伏見の戦いで戦死している。もし、この脇差が本当に桂のものならば、その刃こぼれは最後との戦いとなったこの時に付いたものと見るのが妥当ではないだろうか。それならば刀が研磨に出されないまま遺族に残されたことも説明がつく。「龍馬を斬った」という、この桂の脇差が家族に伝えられ、のちに桂の子孫によって霊山資料館に寄贈されて展示されるに到っている。だが、桂自らが龍馬を斬ったと述べた記録は存在していない。

桂が西岡是心流を修めていたのは確かだが、左手に大刀、右手に脇差を持つ、いわゆる逆二刀流の遣い手だったという説が流布している。だが、これはＮＨＫの「歴史ヒストリア」のように西岡是心流の伝書の読み違えである。

伝書に、

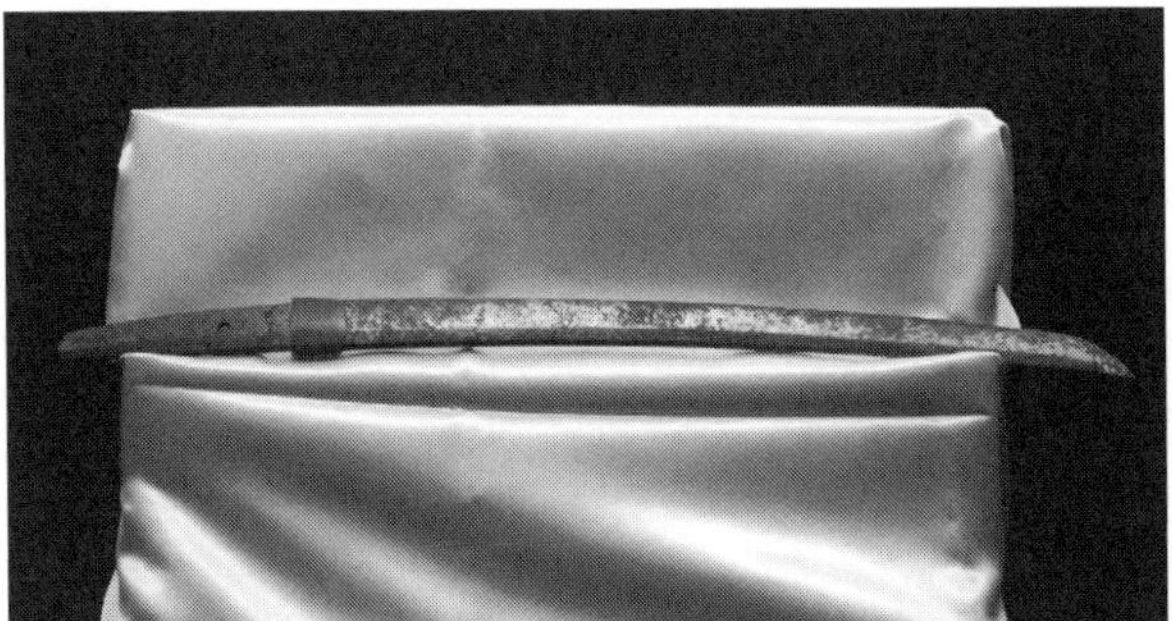

桂早之助の脇差　越後守包貞（霊山歴史館蔵）

丸箸之位
一、五本有リ
右ハ小ジナイニテツカウナリ

とあるが、これは「右手は小竹刀で使う」の意味ではない。「右(の技)は小竹刀で使う」の意であり、逆二刀流とは全く関係がない。

武術の伝書や免状で「右允許」というように、技や伝授段階(切紙、奥伝等)など、右側に書かれた内容を「右」と書く形式は通常のことである。

この伝書の解釈の間違いから桂が「左利き」であり、「左手で龍馬を斬った」という説が派生しているが、前述したように、武士は例え左利きとして生まれても、「武士の作法」のために必ず右利きとして育成される。

新説と言われている桂を実行犯とした再現場面

現在、桂早之助を龍馬暗殺の実行犯とする説がよく説かれている。龍馬暗殺の再現場面が文章だけでなくNHKの特集番組でも映像化されているが、ここでは「武士の心得」という武士の行動則から検証してみたい。

①桂は佐々木に抜擢されて探索方を指図する。
②見廻組隊士は近江屋戸口前で「十津川郷士」と名乗り、家士に名札を渡した。
③名札を受けとった山田藤吉が名札を持ち、中に戻り、二階の奥八畳間にいる龍馬のもとに届けにいく。
④藤吉の後ろを桂ら見廻組隊士が静かに階段を昇って追っていき、二階の部屋に身を潜める。
⑤藤吉が奥の八畳間の部屋で龍馬に名札を渡し、部屋から出てくるのを隊士たちはやりすごそうとする。
⑥潜んでいた見廻組隊士は藤吉を出会い頭に斬る。藤吉は悲鳴を上げて階段を一階に転げ落ちる。
⑦その物音に龍馬は「ほたえな！」と一喝する。
⑧桂は龍馬のいる部屋の襖の前で気息を整え、一人で入室して座り、大刀を右横に置いた後、膝で前ににじり寄って龍馬と中岡の近くに座る。
⑨名札を手に不審げな龍馬に対し、桂は不意に脇差で額を横に抜き打ちで斬る。
⑩斬られた龍馬は背を向け背後の床の間にある刀を取ろうとするが桂はその背中を袈裟に斬る。
⑪桂がさらに斬り込んだ三太刀目は、鞘のまま受けた龍馬の刀を削り、額を斬る。
⑫その直後、他の見廻組隊士が部屋に躍り込み、座っている中岡と倒れている龍馬に斬りかかる。
⑬動かなくなった二人を見て「もうよい。もうよい」と刺客の一人が言い、刺客たちは引き上げる。

桂実行犯説、再現場面の矛盾

①藤吉の行動――藤吉の転倒

藤吉は龍馬の部屋を出たところで刺客の一人に出くわして斬られている。

藤吉が倒れる音を聞いた龍馬は、普段、藤吉が峰吉少年と相撲をとってふざけることがあったので、「ほたえな（騒ぐな）」と一喝したとしているが、近江屋の間取図からも、藤吉が階段で一階へ降りる前に二階で斬られて倒れたのであれば、元十両の相撲取りであった藤吉の体から、相当な転倒音が龍馬の耳に届いたはずだ。

人を斬る斬撃の音も夜の屋内に響いただろう。この異音に対して再現場面では龍馬、中岡が何も不審に思わず、桂が部屋に入ってくるまで話し続けている。

ましてや、藤吉が龍馬の部屋を出たところ、隣の部屋である仏間六畳間で刺客の一人に出くわし斬られたならば、その異音に対して龍馬、中岡が共に不審に思わず、藤吉が誰かと「ふざけあっている」と判断するのはおかしい。

②桂の行動――案内のない入室と「にじり寄り」

桂は藤吉に案内されることなく入室して座る。そして、さらに龍馬の近くの位置まで膝でにじり寄って座る。

初対面の訪ねてきた者が、家人の案内なく部屋に勝手に入ることはあり得ない。また武士の作法として、親しい仲でもない者がぶしつけに脇差で斬れる間合いに膝で近づいてにじり寄ることはない。

このような挙動不審な来訪者に対し、龍馬も中岡も斬り付けられるまで何のリアクションも起こさないというのは不自然だ。

③中岡の行動――座ったままの中岡

再現場面では龍馬が額を斬られ、背中を袈裟斬りされ、さらに桂の斬撃を龍馬が鞘で受け、鎬を削る場面があるが、その間、中岡が何故立ち上がりもせずただ眺めているのか？

龍馬が斬られるとほぼ同時に、もう一人の刺客が立ち上がる前の中岡に斬りかかったのであれば、中岡の全身に残っていたという傷からも状況と一致するが、刺客が一人であれば、中岡が座ったままで斬られる龍馬を眺め続けているというのは不自然だ。

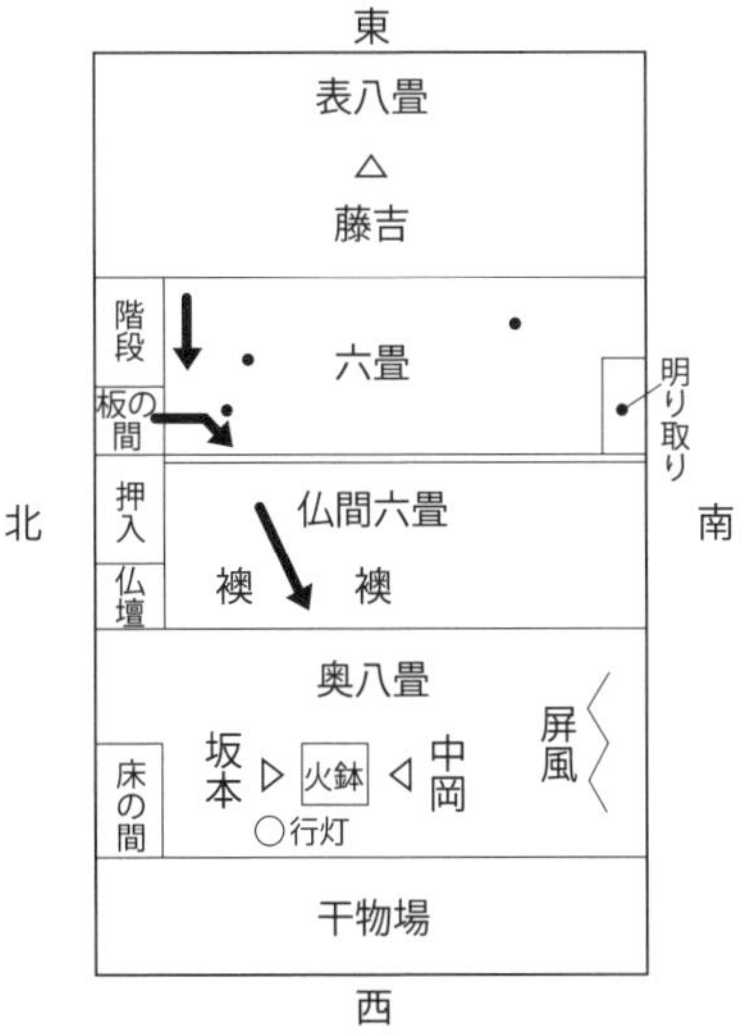

近江屋の間取り

NHKの再現場面では古書風記載のような場面があるが、このような古書は存在せず、今井信郎、中岡慎太郎、渡辺篤の証言を一貫性なく使用して古書風に映像を作っているにすぎない。

今井、渡辺は桂ではなく自分自身が斬ったと証言しており、渡辺、中岡は刺客が「部屋で座った」などとは述べておらず、「部屋に乗り込んで斬った（斬られた）」と証言している。

再現場面では最後に桂の心情を描写する場面がある。

「早之助はこの日初めて人を斬った」「龍馬殺害後、普段呑めない酒をこの日は潰れるまで呑んだという」

しかし、これは番組の創作であって、現在このような桂の独白を記載した資料は存在しない。

また、例え日記のようなものや家族への口伝が残されていたとしても、桂のような一流の剣客である武士が職務についてそのような怯懦な独白を記述し、語り残しはしないだろう。

「龍馬を斬った」二振りの脇差

霊山歴史館には龍馬を斬ったとされる脇差（小太刀）が二振り展示されている。

一振りは今井信郎が所持していたもので、近江屋にいた龍馬を襲撃した時に帯刀していたという脇差だ。銘は「山城守源一法」。今井は戊辰戦争で箱館まで転戦したが資金難でこの脇差を手放した。しかし、よほど思い入れの深い刀だったのか、探し出して数十年後に買い戻している。霊山博物館は今井家から買い上げ、展示するに到っている。

もう一振りは桂早之助のもので平成の世（一九九四年）、桂家の子孫から霊山博物館に寄贈されている。銘は「越後守包貞」。

一時期は今井の脇差の方が「龍馬を斬った刀」として注目を浴び、テレビ等でも霊山博物館から紹介されていたが、昨今、龍馬暗殺実行犯は桂早之助であるという説が説かれ始めると、いつの間にか脇差の方も桂のものが紹介されるようになった。

今井、桂共に小太刀の名手であるといわれ、暗殺現場である近江屋の天井が低いことから多くの研究者によって暗殺には脇差が使用されたことになっている。だが、実はその確証は全くない。

ちなみに、今尚、有力な暗殺実行犯の一人とされる今井は、刑部省、兵部省の取調べの際の供述、家族への口伝でも脇差で斬ったとは一言も言っていない。

むしろ家族には長さ三尺の刀で龍馬を斬ったと語り、妻には剣術の師である榊原健吉へ、近江屋事件に使用したその刀を送るように頼んでいる。今井の妻は刀を早駕籠で江戸に持ち帰る際、長すぎて縦に入らず、やむを得ず斜めに抱えて乗ったという。その後、この刀は湯島の研ぎ師に研ぎに出された後、新政府軍と彰義隊の上野戦争の混乱によ

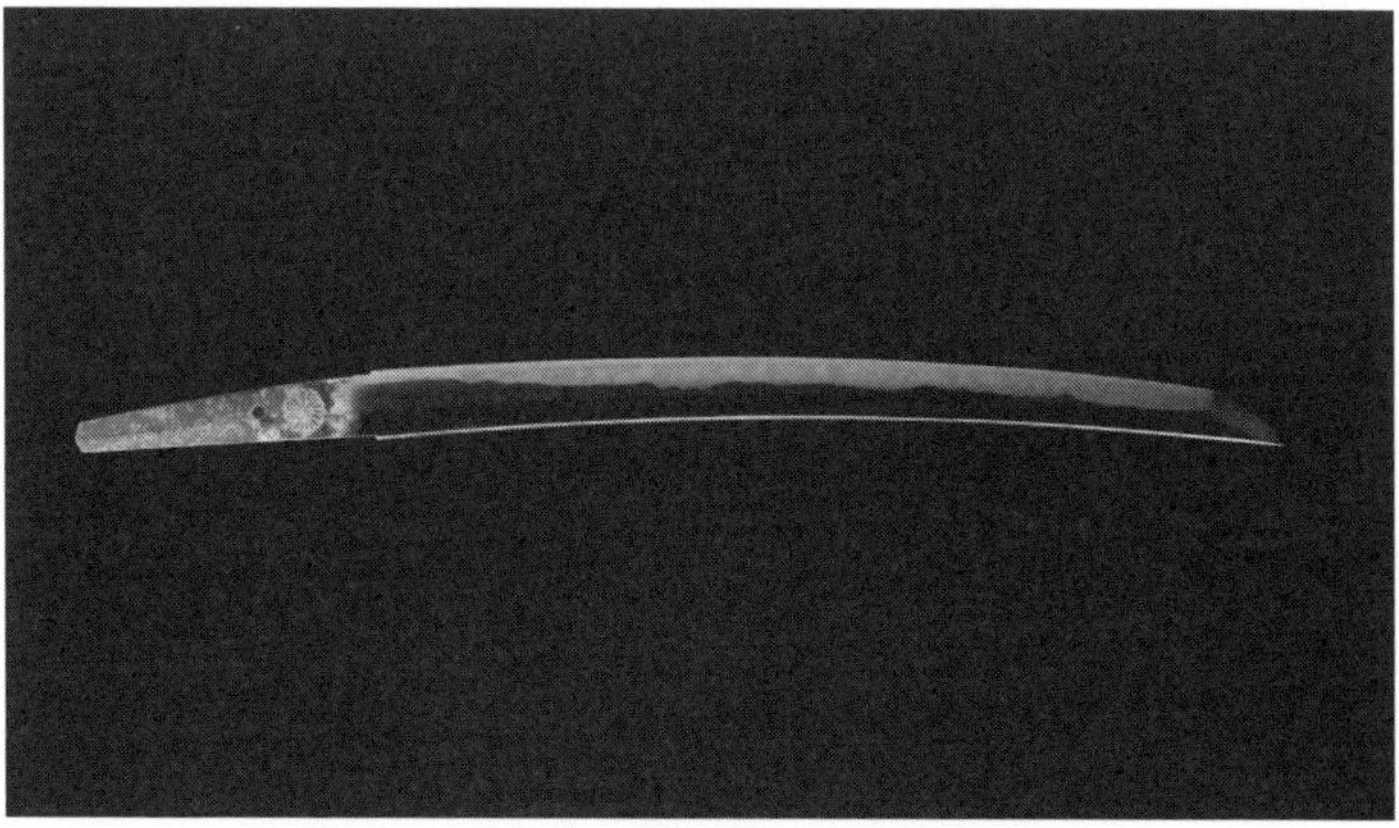

今井信郎　脇差　山城守源一法（霊山歴史館蔵）

り行方知らずになったと伝えられている。

また、自らを龍馬暗殺実行犯として記録を残した渡辺篤も脇差を使用したなどは言っておらず、自分が龍馬殺害に使用したという大刀の銘「出羽大掾藤原国路」までを記している。

今井と渡辺の証言は様々な面で矛盾点があるので両者が龍馬を斬った実行犯とは思えないが、事件後に見廻組内部において、実際の龍馬暗殺実行犯から話を聞いている可能性が推測される。

三人の「龍馬を斬った男」——時代の背景

何故、今井信郎、渡辺篤、桂早之介の三人は自らを龍馬殺害者と伝え遺したのだろうか。坂本龍馬の死後、龍馬の活躍が現在のように広く知られることはなく、その存在は長く忘れ去られることになる。

だが、明治十六年（一八八三）、坂崎紫瀾《しらん》による「汗血千里《かんけつせんり》の駒《こま》」が高知の『土陽新聞』に掲載され、一躍その名を知られるようになった。明治二十四年（一八九一）には正四位が追贈された。

そして、日露戦争開戦直前の明治三十七年（一九〇四）二月六日、ある人物が昭憲皇太后の夢枕に立ち、「私が帝国海軍を守護いたします」と語ったという。皇太后に宮内大臣・田中光顕が龍馬の写真を見せたところ、皇太后は間違いなくこの人物だと語ったといわれる。この逸話の真偽は定かではないが、この話が全国紙に掲載されたため坂本龍馬の評判が全国に広まることになった。

日本海海戦で大勝したことで皇太后の意思により、京都霊山護国神社に「贈正四位坂本龍馬君忠魂碑」が建立された。

さらに大正四年八月五日の大阪朝日新聞に、元京都見廻組・渡辺篤が「坂本龍馬を殺したのは自分である」と告白した内容が掲載された。この後「坂本龍馬殺害の真犯人」が続々と名乗り出て、史学界を混乱させたという。

現代の感覚では、殺害実行犯、もしくは暗殺者として名乗り出ることや、子孫に伝え遺すことに疑問を感じることもあるだろう。だが、近江屋事件当時の慶應三年は見廻組、新選組は共に公的な武装警察機関であり、武士の棟梁たる将軍家の直臣であった。

武士は主君への忠誠を第一とする。幕臣の見廻組隊士たちからすれば、倒幕派の人間として徳川将軍家を揺らがす龍馬は主君の敵であった。また、寺田家で同僚である幕吏二人を拳銃で殺害している龍馬を捕縛、または討つことは公務でもあった。

武士は闘いによって人を殺すことを厭わず、相手が強者であるほど誉れとした。古来より戦場で武威を誇り、強者を討つことを競い合った。

近代、明治期の戊辰戦争の時でさえ、討ち取った敵方の首を戦場での古式の作法通りに切り取り、腰にぶら下げていた武士がいたという。

武士が武名、誇りを重んじる言葉として「人は一代、名は末代」というものがある。

武士には後世へ、かつて強者を倒したという「矜持」を残したい気持ちがある。龍馬、中岡のような倒幕派の指導者である強者を討ったとすれば、幕臣としても武士としても誉れであったのだろう。

晩年になって、見張りや待機をしていたことの方が悔やまれたのではないだろうか。彼らは売名のために報道機関に名乗り出た訳ではない。ごく身内に虚談として伝えたことが、意図せず家族や子孫によって公にされてしまった。

明治、大正の「江戸幕府」「武士」という存在が消滅した時代、自身の晩年にかつての武士としての矜持を子孫に伝え遺したかったのだろうか。

明治三十三年『近畿評論』「坂本龍馬殺害者　今井信郎実歴談」
大正四年『大阪朝日新聞』「阪本龍馬を殺害した老剣客——悔恨の情に責められて逝く——」
大正四年『大阪朝日新聞京都附録』「阪本龍馬を殺した剣客——発表された遺言の記録——上、下」

これらのいずれもが記事の題名からしても講談調であり、史学的な検証ではない。大阪朝日新聞では龍馬の姓の漢字さえ間違えている。明治、大正時代の文責を負うことのない、大衆的な興味本位の扱いである感は否めない。

桂早之助にいたっては由緒書が残されているものの、桂は龍馬暗殺事件の翌年に鳥羽伏見の戦いで戦死しており、今井、渡辺のように龍馬殺害を自認した記録などは残っていない。

幕末当時と明治、大正、現在の龍馬の知名度の大きな違い、そして今井、渡辺のように大正時代に余生を送っている老人の述懐であることを考慮に入れねばならないだろう。

これらに記載された内容を全て鵜呑みにするべきではない。だが、彼らが見廻組隊士として龍馬暗殺事件に関与したのは事実であることから、その内容の真偽を慎重に判断し、真相を解明していく材料とするべきであろう。

殺害現場の遺留品――鞘と下駄

龍馬殺害現場には刺客の鞘と下駄が残されていたという。

尾張藩の記録である「尾張藩雑記慶応三年ノ四」では、「其節残居候品、刀身壱本ト下駄弐足」と鞘ではなく「刀身」と「二足の下駄」が残されていたとある。

もう一つの鳥取藩の記録である「慶応丁卯筆記」では、「跡に残シ置候品ハ刀の鞘壱本黒塗り、下駄弐足…」とあり、「鞘一本」と「二足の下駄」と記している。

鞘と下駄を遺留品と記録している当時の資料はこれだけである。

あとは谷干城と田中光顕の証言に「鞘」が残されていたと出てくるが下駄については何も語っていない。

むしろ谷は「賊の残していったものは刀の鞘だけである」と述べている。

しかも、「下駄」については事件直後に駆け付けた谷、田中だけでなく、続いて現場に集まってきた海援隊士の千屋寅之助、土岐真金、宮地彦三郎などの手紙や記録には、犯人特定につながる重要な物証であるはずの「二足の下駄」について全く触れられていない。

さらには勝海舟、中村半次郎、大久保利通、中島信行等の龍馬殺害について述べた日記や手紙類だけでなく、当時の他の記録や日記にも、現場に残された「下駄」の話など出てこないのだ。

では鞘と下駄について記載を残したこの尾張藩と鳥取藩の記録は信頼に値するものなのだろうか。

一見公式の記録のように思えるが、この二藩は事件当時の京での警察権もなく、現場検証などしていない。

幕末の尾張藩十七代藩主・徳川慶勝は十五代将軍・徳川慶喜の従弟、鳥取藩十二代藩主・池田慶徳は慶喜の兄であった。親幕派であったこの二藩の藩士が、事件直後に倒幕派の土佐藩士たちが集まる近江屋の現場に立ち合うことはできなかっただろう。

自分たちの盟主的存在である龍馬を殺害され、殺気立っている土佐藩士や海援隊士たちが集まる現場にノコノコ出掛けていけば、即座に斬られる危険すらあったはずだ。

それならばこの二藩の記録は、あくまでも事件後の伝聞情報による当時の記録というだけにすぎない。

そして、その鞘と下駄は事件後にどこにいったのか？　犯人を特定する重要な証拠品が、なぜどこにも保管されていないのか？

土佐藩士たちは薩摩藩邸に潜伏していた高台寺党の残党にこの残された「鞘」を見せる。元新選組であった者たちがその鞘を原田佐之助の物と証言したことで、土佐藩側は新選組の犯行であるという確証を得る。しかしその後、その鞘はどこにいったのだろうか？　下駄は見せなかったのか？

明治三年に今井が刑部省で龍馬殺害事件の取り調べを受けた際、重要な証拠品であるはずの「残された鞘と下駄」については何の言及もされていない。しかも、実際に取り調べに当たったのは元土佐藩士の佐々木高行だった。

そもそも下駄二足を残していくということは、現代で言えば靴二足を残していくということで、刺客の一人は現場から裸足で帰ったということになる。奇妙な遺留品としか言いようがない。

裸足にしろ、鞘を忘れて刀を抜き身で下げているにしろ、近江屋を出るまで本人だけでなく周囲の者が誰も気付かなかったのならば、襲撃犯集団全員が異様なほど動揺していたことになる。

武士は戦場なり、果たし合いなり、捕り物なり、闘争の場に赴く時は戦いで足もとが不安定になる下駄や草履などは履かなかった。

斬り合いや捕り物であれば、事前に草鞋《わらじ》で足もとをしっかりと固めた。

平素、下駄や草履履きの時に不意の闘争になった場合は、履物を瞬時に脱ぎ捨てて敵に備えるのが心得とされた。

では龍馬暗殺事件の時はどうだったのだろうか。

『坂本龍馬関係文書』をはじめとする通説のように玄関で案内を請い、藤吉を斬ったあとに一気に階段と部屋を駆け抜け、龍馬のいた八畳間に斬り込んだとする。

玄関で手札を渡し、案内を請う者は近江屋に上がる時に履物を脱いだだろうし、後に続いた者たちも下駄で階段を駆け上がるのは相当に厳しいだろう。さらには狭い室内で下駄を履いて戦うのは足もとが定まらず、襲撃した側が不利になる。

今井の証言や桂早之助を実行犯とする説である「八畳間に座ってから龍馬を斬った」とする状況で

の闘争ではどうだろうか。八畳間で「座った者」は当然、何も履いていない。「座った者」に続いて密かに階段を昇った者がいたとすれば、下駄で階段を音無く昇るのは困難だ。むしろ下駄など脱いで階段を昇り、身を隠したほうがよい。古伝武術でも気づかれずに足音無く歩く法として、履物を脱ぐという口伝がある。いずれにせよ、よく考えてみればどちらの闘争でも、襲撃者たちが下駄と鞘を残していったという状況は非常に考えにくい。

この二つの品があったことを伝える書はあるが、それが誰によって発見されたものなのかを記した資料は一つもないのだ。

この不自然な遺留品である下駄や鞘については、事件直後に犯行現場に駆け付けた土佐藩側が新選組の仕業とするために画策した可能性が高い。

だが、谷干城や田中光顕をはじめとする土佐藩側に深い陰謀があったとは思えない。

龍馬と中岡の傷などについては、谷と田中の証言は物的証拠から推察される殺害状況と一致しており、信用に値する証言も多く残している。

新選組には池田屋事件における土佐藩出身の海援隊士である北添佶摩《きたぞえきつま》、望月亀弥多をはじめ、多くの土佐藩士たちが斬られていた。また、伊東甲子太郎の中岡への忠告からも、当時龍馬が新選組に狙われていたのも事実であった。

土佐藩士、海援隊士たちが事件後に新選組の犯行であると誤認してしまい、彼らが新選組の犯行とするために確固たる証拠がほしかったゆえの言動と考えられる。

近江屋間取り図の新説

近年になって注目された説で、近江屋は二階への階段を昇ると長い廊下があり、龍馬と中岡のいた奥八畳間へ、二つの部屋を通らずに直接行くことができたとするものである。

この説は、近江屋を買い取って住んでいたという老婦人の証言によるもので、昭和五十五年九月、坂本龍馬研究家・西尾秋風氏がこの人物に取材を行っている。

この時、九十一歳だった老婦人は、

「近江屋の二階には階段に続いて長い廊下があり、その突き当たりが龍馬先生の居られた部屋でした」

と証言したという。

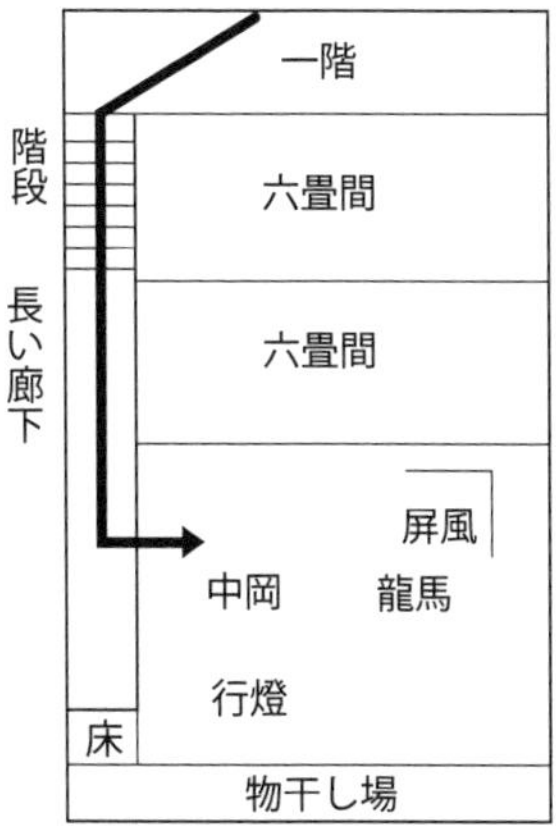

近江屋新説の間取図

この証言を受けて西尾氏は著書『龍馬殉難西尾史観（総集版）』の中で次のように述べている。

「従来の通説ならば、階段を昇りつめた刺客は襖を三回開けないと、奥の間の龍馬に斬り込めない。ところが新証言によれば、廊下を真っしぐらに突っ走り、一気に奥の間に斬り込めることになる」

しかし、この証言は果たして検証する価値があるものだろうか。

昭和五十五年（一九八〇）に九十一歳ということは明治二十二年（一八八九）生まれになる。慶應三年（一八六七）の近江屋事件から二十二年が経過しており、彼女に物心がつく頃を考えればさらに年数は経過している。「龍馬先生は……」と話す彼女は事件当時に生まれておらず、当然龍馬に会ったこともない。

そもそも近江屋が改築されずに事件当時の原形を保っていたかも定かではない。

また、聞き取り当時の九十一歳という高齢を考えれば、記憶力の低下や混濁を考慮すべきであろう。例えば現代の殺人事件の捜査で、このようなレベルの情報を捜査本部で真剣に取り扱うだろうか。あくまでも参考程度に留めるべきであり、殺人事件の確たる重要な証言とはなり得ない。

今井信郎、菊屋峰吉が証言時に作成した間取図が現存している。両者は全く接触がなかったにも関わらず、その図は龍馬と中岡の間にあったのが峰吉が火鉢、今井が机の違いがあるのみでほぼ一致している。信憑性としてはこちらの方が明らかに高いと言えるだろう。

中村半次郎による記録――『京在日記』

『京在日記』は薩摩藩士・中村半次郎、のちの陸軍少将・桐野利秋が慶應三年（一八六七）における京都滞在中の様子を日記として記録していたものである。

幕末に「人斬り半次郎」と怖れられた中村が、坂本龍馬と親しい交誼があったことはあまり知られていない。

西郷隆盛の側近であった中村は龍馬と会う機会も多く、共に剣客であり、快活かつ豪胆な気質の両者はいつしか互いに認め合う間柄になったという。

薩摩藩家老・小松帯刀から大久保利通宛の手紙には、龍馬が塾頭を務めていた神戸海軍操練所に中村が入所を希望していたことが記されている。

龍馬が寺田屋で幕吏に踏み込まれた際、龍馬と共に寺田屋から脱出した長府藩士・三吉慎蔵の『三吉慎蔵日記』によれば、事件後に薩摩藩邸で静養する龍馬を中村は毎日のように見舞ったという。

京在日記には十一月十日の項に、

中村半次郎（桐野利秋）

「山田・竹之内両士同行散歩之処、途中ニて土州坂元竜馬へ逢ふ」

とあり、散歩の途中に龍馬と偶然出会ったとの記述がある。

龍馬と中岡が近江屋で暗殺されたのは、その五日後の十一月十五日のことだった。

中村は十七日に龍馬暗殺を知り、日記には「右之仕業、壬生浪士と見込入候事」とあることから、龍馬と中岡を斬ったのは壬生浪士、すなわち新選組の仕業と見なしていたようだ。この記述から、高い情報収集能力を持っていた薩摩藩にすら事件当時は新選組の犯行と思われていたことが分かる。

また、暗殺五日前の龍馬と中村との邂逅は、事件当時に龍馬が潜伏しておらず、以前と変わらず精力的に活動していたことを裏付けるものだろう。

翌日の十八日には、埋葬されたばかりの龍馬の墓に墓参に訪れている。そこには海援隊士の高松太郎（龍馬の甥）と坂本清次郎（龍馬の兄である権平の娘婿）がおり、日記には共に墓前を辞したことが記されている。

龍馬の死を知った翌日の墓参は、龍馬との親しい間柄と弔う気持ちの深さを窺い知ることができる。

黒幕の存在

事件当日、暗殺の黒幕の指示により、何者かが龍馬の居場所を知らせたとしている説がある。いわゆる「龍馬暗殺事件黒幕説」である。

だが、中村半次郎の『京在日記』には事件の五日前、中村が散歩中に龍馬に邂逅したことが記述されており、他の資料からも、むしろ龍馬は精力的に活動している様子が窺える。『坂本龍馬関係文書』の通説のように龍馬が潜伏していた様子は見られない。

『雋傑坂本龍馬』では、近江屋の土蔵に潜伏していたのは事実だが、龍馬が度々抜け出して「日夜同志の間を往来」し、近江屋家内の者より注意を受けていたと記載されている。危険回避のために周囲及び近江屋側が潜伏のための準備を整えていたとしても、放胆な性格の龍馬は潜伏している気はなかったと捉えることもできる。

大政奉還によって討幕の密勅を無効化され、武力討幕のために龍馬の存在が邪魔になった薩摩藩が、見廻組に龍馬の居場所を知らせて謀殺させたとする「薩摩藩陰謀説」がある。

この説には、

「京都見廻組の今井信郎が明治三年に龍馬殺害実行犯集団の一人であることを自供しながら、短い刑期で済んだのは薩摩の西郷隆盛の助力によるものであり、その後西郷は今井に会うために静岡を訪れている」

というような話があるが、これは全くの俗説であり、西郷による今井の刑期短縮への助力、静岡で今井と会ったというような資料は存在しない。

西郷は明治三年の時点で新政府軍の中心人物であり、明治四年には明治政府の最高執政官である参議の地位となっている。常識的に考えてもその立場にある西郷が、一箱館降伏人の今井のために自らそのような行動をとるとは思えない。龍馬暗殺が薩摩藩の関与によるものだと示しているようなものではないか。

幕末当時、新選組、見廻組のように市中見廻りを職務としていた組織はいずれも密偵を抱えており、その情報探索能力は薩摩藩とならび非常に高かった。

潜伏が事実かどうかはともかく、この時期の龍馬の行動から居場所を特定することが困難とは思えず、薩摩藩のような黒幕が存在し、刺客に潜伏場所の情報を伝えて暗殺させたとは考えにくい。知ろうと思えば比較的容易に龍馬の居場所は分かったはずだからだ。

元京都見廻組の今井信郎は後年、龍馬殺害を「公務であった」と述べているが、当時は大政奉還から間もないこともあり、京の警察権を有する京都守護職はまだ解体されていなかった。京都守護職ならびに京都所司代廃止は王政復古の大号令による慶應三年十二月九日である。

これらのことから龍馬殺害は、寺田屋で幕吏二名を射殺した倒幕派・坂本龍馬への見廻組の任務遂行による可能性が高く、黒幕は存在しなかったと考えられる。

暗殺実行犯諸説

事件発生当初に実行犯としてもっとも疑われたのは新選組であった。

中村半次郎（桐野利秋）の『京在日記』、山内容堂の側用役であった土佐藩士・寺村左膳の『寺村左膳道成日記』、事件当日に龍馬と中岡に会っている海援隊士・宮地彦三郎の兄への手紙、大久保利通から岩倉具視への手紙、海援隊士・千屋寅之助から中岡慎太郎の義兄、中岡源平への手紙等、多くの当時の記録には新選組を犯人としている記述が見られる。

谷干城などは生涯、新選組による犯行を信じていた。これは近江屋に残されたとされる、下駄や鞘などの物証が、新選組と関わりがあると見なされたためである。しかし、龍馬と中岡を短時間で殺傷して立ち去った手練れと思われる刺客が、重要な手がかりとなるような物証をわざわざ現場に残していくことは不自然である。

また、新選組隊士・大石鍬次郎の刑部省での証言によれば、事件当日、新選組の幹部たちは分派した御陵衛士（高台寺党）壊滅の策を練るために、七条醒ケ井の近藤勇の妾宅に集まっていたという。

現代では新選組犯人説はほぼ考えられていないが、事件発生から長い間、当時の多くの関係者が新選組を龍馬殺害の犯人と考えていたことは時代背景として重要な事実である。この冤罪のために新選組局長・近藤勇は切腹も許されずに処刑されることになる。

他の龍馬暗殺実行犯の説としてとしては見廻組説、土佐藩士説、高台寺党説、書生説等がある。そして黒幕として、土佐藩陰謀説、薩摩藩陰謀説、グラバー陰謀説（坂本龍馬スパイ説）など、珍説、奇説から諸説は様々だ。

しかし、現代では資料の研究もすすみ、既に新選組犯人説が有り得ないように真実性のない説は淘汰されている。結論的に言えば秘話、新証言、新資料とされるものはほとんど当てにならない。

例えば、宮川助五郎の名前が見られる土佐藩陰謀説、

「恐ラクハ右切害人ハ宮川ノ徒哉モ難計趣ニモ仄ニ相聞候由堅ク口外ヲ憚り申候事」
（鳥取藩の記録である『慶應丁卯筆記』）

この記録では龍馬殺害犯人を土佐藩士・宮川助五郎とその一味としており、「堅く口外を憚る」と恐れにも似た内容が記されている。

また、薩摩藩を黒幕とした薩摩藩陰謀説では、重要視される以下の二つの資料がある。

① 「極秘之此議を周旋あらまほし。坂本を害候も薩人なるへく候事」
（『慶應四年雑録音一』肥後藩士・国友半右衛門が国許へ送った書簡）

② 「右ノ外、才谷殺害人、姓名迄相分リ是ニ付、薩摩ノ処置等、種々愉快ノ義有之」
（海援隊士・佐々木多門の岡又蔵あての書簡。岡又蔵は旗本・松平主税の家臣）

①の国友半右衛門の手紙では龍馬殺害犯人を薩摩藩士と断定している。②の海援隊士・佐々木多門の手紙では犯人の姓名まで分かっており、薩摩藩の対応を愉快と冷笑しているという記述である。

このような手紙、日記などの当時の記録が見つかると「重要な新資料の発見」などと安易に騒がれるが果たしてそうであろうか。

例えば近年発見された資料では会津藩家老・手代木《てしろき》直右衛門の書簡がある。だが、事件当時、もしくは明治期にかけて伝え語られ、記載されて記録が残り、または親族に伝承されたというだけで、その証言、残された手紙、日記、記録類が事実である確証は何もない。

何より、前述したようにこの近江屋事件は生存者や犯行直前、直後に現場にいた者たちの証言さえ一致していない。これでは、事件後の伝聞情報によって状況を知った者たちの見解などは、例え個人的な情報源を持っていたとしても、どれも推測の域を出ていない。

この事件を幕末最大の謎としている要因は、明らかに証言者たちの偽証と、事件直後に駆け付けた土佐藩関係者による組織的な画策があったと推測される。

そのため、事件の解明には定説とされてきたことから一端離れることが賢明だ。

ここでは唯一の確かな物証である殺害現場に残された掛け軸、ここに飛び散った龍馬の血痕を分析し、殺害現場の状況を武士の心得と剣技の面から検証していきたい。

この検証をもとに、事件関係者たちの証言の真偽を見定めていく。そして事実と思われる内容を構築していくことによって真実が明らかになる。

龍馬の傷の真実

『坂本龍馬関係文書』のように龍馬は三、四太刀斬られた後に昏倒して絶命したという資料に対し、三十か所以上を斬られた上で絶命したとしている記録もある。果たしてどちらが正しいのだろうか。

さて、龍馬暗殺事件の資料としては主に次の三つがある。

①『坂本龍馬関係文書《さかもとりょうまかんけいもんじょ》』

土佐出身の歴史家・岩崎鏡川が大正十五年に刊行。田中光顕、菊谷峰吉等、近江屋事件関係者の証言、事件の取り調べを受けた見廻組隊士・今井信郎、新選組隊士・大石鍬次郎、相馬主計の刑部省、兵部省口書をも納めた貴重な資料。現代でも坂本龍馬研究資料の集大成として高く評価されている。

②『坂本龍馬直柔本伝《さかもとりょうまなおなりほんでん》』

龍馬の甥にあたる海援隊士・高松太郎が明治四年、朝命により龍馬の後を嗣いで家をたてることとなった。

この際、高松が坂本家または龍馬自身から聞いた話をまとめ、明治新政府に龍馬の履歴書を提出した。この履歴書に加筆したものが『坂本龍馬直柔本伝』である。

加筆したのは同じ海援隊士である石田英吉とされている。龍馬をあつかった最初の伝記であり、明治十年代の作とみられる。

③『土藩坂本龍馬伝《どはんさかもとりょうまでん》』

山口県立文書館「毛利家文庫他藩人履歴」中にみえる坂本龍馬の伝記。内容は『坂本龍馬直柔本伝』とほぼ同じである。

『土藩坂本龍馬伝』は『坂本龍馬直柔本伝』に島津斉彬の側近であった薩摩藩士・市来四郎が手を加え、さらに、京都の農家に生まれ、筑前福岡藩御用達の商家の養子となった馬場文英が加筆したものが毛利家文庫に残されたと推定されている。

『土藩坂本龍馬伝』には「其遺骸を点検するに、直柔は大小三十四ヶ所。慎太郎は大小とも二十八ヶ所。僕藤吉は大小共に七ヶ所の洟を受得たり」との記載がある。

しかし、近江屋事件で龍馬が受けた斬撃による傷は、事件後、現場に駆け付けた谷干城、田中光顕、及び龍馬殺害者を自認した今井信郎などの証言では数か所とされる。「大小三十四ヶ所」としているのは、馬場文英が著した『土藩坂本龍馬伝』のみである。

では、実際にこの『土藩坂本龍馬伝』の龍馬殺害時についての記載の真偽はどうなのだろうか?『土藩坂本龍馬伝』の著者とされる馬場文英は、もとになった史料を、文中で明らかにしており、次のように注記している。

「総てこの原書は直柔(龍馬)が籍嗣小野淳輔(高松太郎)が維新の際、官に上する所の直柔が履歴書なれば、その実事確書なるは論をまつべきにあらずといえども、時事の年月日においてはその時々に日記したるものにあらざれば、事の前後あり、かつは年月日のちがひまあり。よって錯雑のところ多し。」

つまり、『土藩坂本龍馬伝』は龍馬の甥、高松太郎が新政府に出仕する際、提出するために執筆した龍馬の履歴書をもとに記されているのだ。

前述のように龍馬の履歴書はあくまでも高松が伝え聞いたことをまとめたものにすぎない。龍馬の土佐時代の履歴はともかく、近江屋事件については当時でも情報が交錯しており、高松が誰にどの内容を聞いたかも分かっていない。高松本人は事件発生時に大坂におり、十六日に龍馬の訃報を聞いて上洛したのちに龍馬の遺体と面会している。

この龍馬の傷については、事件直後に駆け付けて龍馬の遺体を目撃している谷と田中の証言はほぼ一致しており、二人が龍馬の傷について偽証する必要がないことからも、より信憑性が高い。では龍馬の傷について推測ではなく物的証拠から検証してみよう。

龍馬が殺害された時に背後に掛けられていた掛け軸があり、そこには龍馬の血痕が残されている。前述のように真剣の刀は人体を切った場合、その鋭利さから多量の出血があり、多量の血は流れ出た直後は濃い水のような液体状である。

掛け軸の血痕は下部のみで上部には付着していない。そして飛び散った血痕の高さ、角度、形状から、龍馬と実行犯が最初「互いに座った状態」にあり、その状態から刺客は龍馬の頭部に向かって左から右に刀を横に振った動作が窺える。

そして、龍馬を斬った刀で「大小三十四ヶ所」もの刀傷を与えたとするならば、血液が多量に付着した刀を血が乾く間もなく、何十回も龍馬の体に斬り付けたことになる。そうならば、背後の掛け軸一面に血が飛び散って付着したであろう。

この掛け軸という物的証拠から実行犯の龍馬への斬撃は、片膝立ちのような低い姿勢から初太刀を横斬りに浴びせ、そのあとの斬撃は二〜三太刀にすぎないことが判明する。

このことから、事件直後に現場に駆け付けた谷干城と田中光顕の証言、

「坂本の深い傷というのは眉の上を横に斬られ、そして後ろから袈裟に斬られたこの二つが致命傷だった」（谷干城遺稿——「坂本中岡暗殺事件」）

「龍馬は眉間を二太刀程深く斬られて脳漿が飛び出し、まだ体温は残っていたが、すでに事切れていた」（坂本龍馬関係文書——「田中光顕口述」）


という二つの証言の方が殺害状況に一致している。

一方で、『土藩坂本龍馬伝』の「其遺骸を点検するに、直柔は大小三十四ヶ所。慎太郎は大小とも二十八ヶ所。僕藤吉は大小共に七ヶ所の洟を受得たり」との記載は伝聞からの記述にすぎず、事実とは相違することが判明する。

この多すぎる傷の記述は、暗殺に斃れた龍馬と中岡が、刺客と激しく奮戦した末に闘死したという様子を表したい、周囲の想いから来たものではないだろうか。

また、実際に龍馬が「大小三十四ヶ所」もの傷を受けていたならば、その体は激しく損壊しているはずである。しかし、直後に現場に駆け付けた谷や田中だけでなく、宮地彦三郎、千屋寅之介などの海援隊士をはじめとする葬儀に参列した者たちの記録に、龍馬の遺体の損壊について誰も語り残して

いない。中岡の体に大小の傷が多く、体が著しく損傷していた様子については、谷、田中だけでなく他の者も証言している。

参議・広沢真臣の暗殺との比較

明治新政府の最高執政官とも言うべき参議の要職にあった広沢真臣《さねおみ》は明治四年（一八七一）一月九日に自宅で暗殺された。

広沢は長州藩士として木戸孝允（桂小五郎）とならぶ長州藩の旗手であり、維新の十傑の一人に数えられている。

第二次長州征討の講和交渉では長州藩を代表して幕府側の勝海舟と安芸厳島にて交渉し、また、坂本龍馬や薩摩藩の五代才助と会談して「商社示談箇条書」を作成した。

慶應三年（一八六七）十月には大久保利通らと共に討幕の密勅の降下にも尽力。

賞典禄（明治維新に功労のあった公卿、大名および士族に対して、政府から家禄の他に賞与として与えられた禄）では大久保利通、木戸孝允と同等の千八百石であった。

これは士族として最高位であった西郷隆盛の二千石に次ぐものである。広沢の暗殺は横井小楠、大村益次郎に続く明治政府要人の暗殺であり、広沢を厚く信頼していた明治天皇は「賊ヲ必獲ニ期セヨ」という犯人逮捕を督促する異例の詔勅を発せられた。

当時の弾正台（明治初期の監察、治安維持などを主要な業務とする官庁の一つ）はその現場の状況から犯人は五人と判断した。

そして、広沢の枕の下の流血、顔に残る傷跡から熟睡して上を向いているところを、犯人が横から斬り下ろしたと推測した。広沢は六尺（約百八十㎝）に近い巨漢であり、力も強かった。体には大小十三か所の傷が残っていることからも顔への第一撃では即死せずに抵抗したと考えられた。

このように西洋文明を取り入れ、近代化した捜査法から検証すれば、五人もの刺客による広沢の傷でさえ十三か所という傷が現実のものである。『土藩坂本龍馬伝』から流布している「直柔は大小三十四ヶ所。慎太郎は大小とも二十八ヶ所」という傷跡がいかに多すぎる誇張されたものであるかが分かる。

また、刀はただ振り回し、叩きつけても斬れるものではないため、人体に深い傷跡が残るくらい強く刀を振り下ろし続けるにはそれなりの時間を要する。

階下には近江屋新助夫妻がいることを実行犯たちは知っていた。事件前後、見廻組が正体を知られないように素早く行動していることからも、手練れと思われる実行犯たちの行動と、我を忘れて刀を振り下ろし続けた状況を推測させる『土藩坂本龍馬伝』の多すぎる傷跡は一致しない。

これらのことから、

谷干城の証言――

「坂本の深い傷というのは眉の上を横に斬られ、そして後ろから袈裟に斬られたこの二つが致命傷だった」

「中岡の傷はどういうものかというと、後ろから頭に掛けて斬られ、また左右の手を斬られていた。そして足を両方とも斬られていた。倒れたところをさらに二太刀斬られており、それはほとんど骨に達する程に深い傷だった」

田中光顕の証言――

「坂本は眉間を二太刀深くやられて脳漿が飛び出て、早や事切れていた」

「中岡は十一ヶ所の創で、右手などは皮だけ残って、ブラブラして縫い直す事もできない状態であった」

というように、龍馬の傷は数か所、中岡の傷は十数か所というほうがより真実に近いと言えるだろう。

他の資料――『佐々木只三郎伝』『手代木直右衛門伝』

龍馬暗殺を指揮したといわれる見廻組与頭佐々木只三郎の伝記『佐々木只三郎伝』は子孫の高橋一雄氏が昭和十三年（一九三八）十二月に刊行した私家版である。

また、佐々木只三郎の実兄の会津藩士・手代木直右衛門の伝記『手代木直右衛門伝』は養嗣の手代木良策が大正十二年（一九二三）六月に刊行した私家版である。

この二冊には『坂本龍馬関係文書』から内容を抜粋したと思われる「ほたえな」「八畳間に躍り込む」「鞘の鐺が天井を突き破る」等の同じ内容の箇所が見受けられる。

『手代木直右衛門伝』では現場に行ったのは佐々木、今井信郎、渡辺吉太郎の三人としているが、明治三年の今井による刑部省口書では現場に行ったのは七人。佐々木只三郎は指揮を執り、二階に上ったのは渡辺吉太郎、桂早之助、高橋安次郎の三人としており、食い違う。

『佐々木只三郎伝』では二階に上り龍馬を斬ったのは、今井の供述と同じく渡辺吉太郎、桂早之助、高橋安次郎の三人としている。興味深い記述はあるものの、この二冊は大正、昭和時代に子孫によって作製されたものである。

『手代木直右衛門伝』には、手代木直右衛門が明治三十七年（一九〇四）六月に逝去する数日前、「坂本龍馬を殺したのは実弟佐々木只三郎であり、それは某諸侯の命によるものである」と初めて人に語ったという記載がある。

だが、この証言も渡辺篤の晩年の記述と同様、確証は何もなく、むしろ不遇の晩年を過ごした会津藩の元重臣が死に際して、幕末の英雄・坂本龍馬を倒したのは我が弟であるという、一種の虚栄が感じられてならない。

今井信郎、渡辺篤等の資料に同様の傾向が見られるように、本人、親族、子孫により残された文書、証言は多分に感情を含み、信憑性に欠ける点が少なくない。

各資料の検証

襲撃直前、「ほたえな」という言葉は本当に発せられたのだろうか？

この場面は司馬遼太郎の「竜馬がゆく」をはじめ、多くの作品で龍馬の死の直前として描かれている。だが、このまるで映画のように明確な場面は誰が目撃したのだろうか？

この場面が書かれている『坂本龍馬関係文書』は大正十五年に岩崎鏡川によって執筆された。

この話の原典は襲撃後も二日間生存し、駆け付けた田中光顕や谷干城に襲撃の様子を語った中岡慎太郎の証言による土佐藩側の資料からである。龍馬殺害を目撃したのは実行犯を除けば生存した中岡しかいないのだから当然だ。

しかし、中岡は頭部をはじめ全身十数か所を斬られており、谷の証言からも生きているというより死んでいないという状況であった。全身の斬り、刺し傷はもとより、頭部に斬撃を受けていることからも記憶が鮮明であったとは思えず、その証言は確かとは言えない。

奥八畳間の外での異音に対し、従僕の藤吉が誰かとふざけているのかと思った龍馬が「ほたえな！」と言った言葉が重要視され、殺害状況の検証を混乱させている感がある。しかも、この「ほたえな！」という言葉は中岡の証言にしかなく、自らを龍馬殺害実行犯と伝え遺した見廻組の今井信郎や渡辺篤の記録には出てこない。

『坂本龍馬関係文書』だけでなく、土佐藩重役の寺村佐膳が事件直後のことを記した『寺村左膳道成日記』、海援隊士で龍馬の甥にあたる高松太郎が龍馬の兄姉である坂本権平と乙女、龍馬の姪の春猪の三人にあてた慶應四年一月二十三日付の手紙等、事件の様子についての内容はほぼ同じである。

すなわち、

「近江屋に複数の男たちが現れて十津川郷士と名乗り、名札を渡して龍馬に面会を請う。従僕の藤吉が名札をもって二階にあがるところをその男たちが後から付いていき、藤吉を斬り、その後、部屋に突入して龍馬と中岡を斬った」というものだ。

これらの情報の出所は同一のようだが、龍馬の傷と同様にその殺害状況が事実である証拠は何もなく、単なる伝聞情報にすぎない。

そもそも「従僕の藤吉が名札をもって二階にあがるところを、その男たちが後からついていき、藤吉を斬る」という箇所は、藤吉が龍馬に名札を渡す前、渡した後に斬られるという違いはあるものの、一体だれがその様子を見ていたというのか？

斬られた藤吉は何も語ることなく絶命しており、部屋の中にいた龍馬と中岡は当然、部屋の外の様子は分からない。まるで目撃者がいたかのようにこの状況場面は事実のものと受けとめられている。

このようなことからも事件を検証する際、混乱を防ぐためにも定説とされた真偽の定かではない内容についてはこだわらない方が真相解明には適していると思われる。

では、慶應三年十一月十五日の夜、一体誰が、どのように龍馬と中岡を殺害したのだろうか？

第三章　事件の解明

大鳥圭介の『獄中日記』と新選組最後の隊長、相馬肇の供述

今井信郎は箱館戦争まで転戦したのちに降伏する。その後、東京へ護送され、兵部省軍務糾問所へ投獄された。

その際、今井と同室であった元箱館政府陸軍奉行・大鳥圭介は自らの『獄中日記』に次のように記している。

大鳥圭介

相馬肇（主計）

「（今井が刑部省に引き渡されたのは）京都に於て坂本龍馬を殺害した余罪がある為めなり」

そして今井と同じく箱館政府から降伏した者の中には新選組最後の隊長であった相馬肇（主計）がおり、相馬の兵部省口書も現存している。

相馬は榎本武揚、大鳥圭介、松平太郎ら、箱館政府幹部と同等の扱いを受け、東京に送られた。これは相馬に坂本龍馬暗殺の嫌疑がかけられていたからだという。

相馬は兵部省において次のように供述している。（傍線部筆者）

「坂本龍馬儀は私は一向存知不申候得共、隊中へ廻文を以て右之暗殺致候嫌疑相晴候趣全見廻組にて暗殺致候由之趣初而承知仕候」（『坂本龍馬関係文書』）

「坂本龍馬について私は一切知らないと申しましたが、隊内への廻状によって私の坂本龍馬暗殺の嫌疑を晴らした内容とは、私が見廻組による龍馬暗殺を承知していたということです」

取り調べにおいて、相馬は龍馬暗殺が見廻組によるものだったと断言している。

相馬は甲陽鎮撫隊で局長付き組頭として近藤勇の側近を務めており、近藤勇から龍馬暗殺事件について聞き及んでいたと思われる。相馬は新選組の最終期に入隊しながらも戊辰戦争では各地を転戦し、土方歳三の戦死後、歴戦の隊士たちから新選組隊長に選ばれた人物である。

これらの資料から、龍馬暗殺の実行犯が京都見廻組であったことは、まず間違いないであろう。

暗殺現場の屏風と中岡慎太郎の傷

この屏風は京都河原町蛸薬師の醤油商近江屋の旧蔵品である。絵画資料に分類されているが、歴史資料として重要文化財に指定されている。

坂本龍馬暗殺事件の現場となった近江屋二階の部屋にあったものといわれ、左下の猫図のあたりに多量の血痕が見られる。

昭和十五年に近江屋の主人、井口新助より龍馬の紋服と共に京都国立博物館へ寄贈され、昭和十五年七月六日付の京都市長の受領証がある。

部屋に屏風があったことは、菊屋峰吉の間取り図にも書かれており、この血痕も龍馬か中岡の血液によるものとされている。

しかし、京都市長は屏風について「坂本龍馬、中岡慎太郎遭難当時の記念遺品」と受領証に記しているが、これは井口家からの申し立てによってそのまま記したにすぎず、京都市および博物館の鑑定結果ではない。

一方で菊屋峰吉の間取り図に屏風が書かれている事実も見過ごせない。また、この屏風が近江屋のものであったことは確かであり、このような大量の血痕が付着した屏風が、醤油商である近江屋に他にもあったとは考えにくい。やはり、龍馬殺害現場にあった屛風とみて間違いはないと思える。では物的証拠の一つとしてこの屛風を観察してみよう。

この屛風は間取り図から龍馬と中岡が殺害された奥八畳間の入口から左側、すなわち龍馬の正面、中岡の背後に置かれていたものとされている。これが事実とすれば位置的に中岡の血痕とみるのが妥当であろう。中岡は全身十数か所を斬られており、事件より二日後に絶命する。

屛風の左下下部に多量の血痕があるが、上部には見られないことから、中岡は襲撃されたとき立ち上がれない状態にあり、そのまま昏倒したと見られる。

中岡は刺客の攻撃に田中光顕から贈られたという短刀で応戦したが、立ち上がれない状態では斬撃を防ぐので精一杯だったことが窺える。なぜなら中岡の受けた多数の傷から、もし立ち上がって応戦したのであれば、体から飛び散った血痕が屛風全体や上部にも付着しているはずだからだ。

事件後、龍馬の刀、拳銃は発見されているが、不思議と中岡の佩刀と短刀は発見されていない。だが、当時の武士は必ず大小二振りの刀を腰に帯びることが決められており、中岡の現存する写真も短刀を帯び、大刀を携えている。このことから、襲撃時も短刀を帯びていたことは間違いないだろう。幕末期の写真において、当時の武士が脇差の替わりに短刀を腰に帯びる姿はよく見られる。

中岡が龍馬よりはるかに多い刀傷を受けたのは、刺客の一人の技量不足も考えられるが、短刀で斬撃を必死に受け続けたことによるものと推測すると辻褄が合う。

ただ、中岡の受けた傷が「大小とも二十八ヶ所」（『土藩坂本龍馬伝』）という記述は、あまりにも傷が多すぎるため、誇張と思われる。

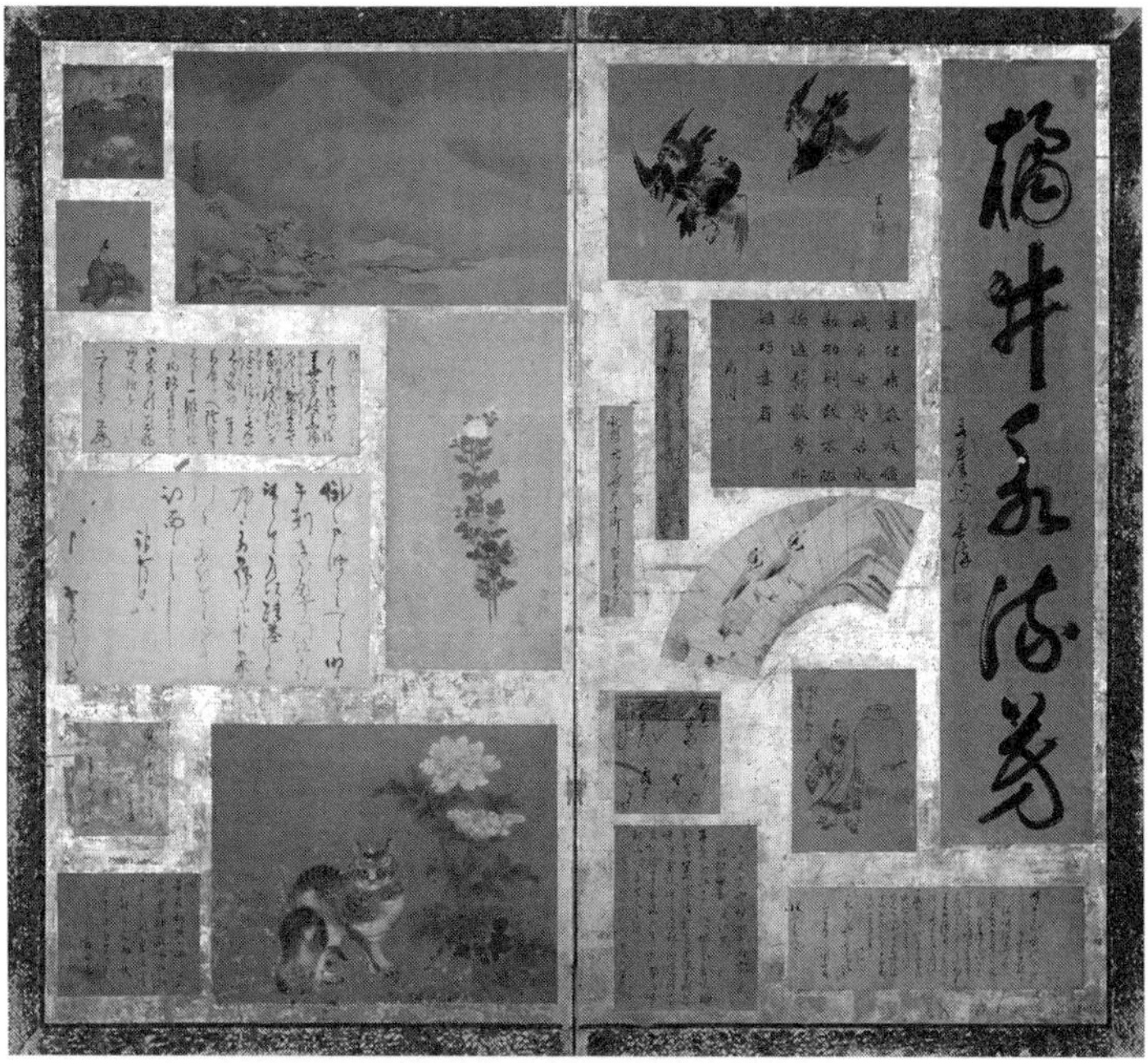

龍馬暗殺現場の屏風（京都国立博物館蔵）

屏風に付着した血痕

現実的に考えれば人体に三十か所近くの刀傷を残すには相当数、刀を振り下ろさねばならず、中岡の短刀による防御があったのならば、さらにかなりの時間を要することになるだろう。また、実際に中岡に三十か所もの斬撃が加えられていたならば、体はもっと激しく損壊していたはずだ。

よって中岡の傷は田中光顕の証言である「十数か所の傷」のほうがより現実的で殺害現場状況に合致している。

龍馬を斬った者と中岡を斬った者——二人の刺客

前述したように事件後近江屋に駆け付けた陸援隊士の田中光顕と海援隊士の土岐真金の証言が相違しており、中岡の死亡直前の話がどこまで真実かは判断が難しい。頭部に斬撃を受けた朦朧とした状態ならば記憶が混濁するのが当然であるからだ。

血痕が付着した掛け軸という物証に適する「座った状態から刀で斬った」と証言しているのは見廻組の今井信郎のみである。

この今井の証言以外の多くの記録類は中岡が語ったとされる「刺客が不意に部屋に斬り込んできた」という、谷と田中の証言に引っ張られるように、ほぼ同じ内容となっている。

しかし、唯一の物証である掛け軸に付着した血痕の状態から、この類の証言は否定せざるを得ない。すなわち中岡は事件後に生存していたとしても、その語った内容は事実とは異なると考えられる。

このことから、「部屋に斬り込んだ」とする見廻組の渡辺篤をはじめとする、「不意に部屋に斬り込む」としている記録、証言が龍馬暗殺の状況とは一致しないということになる。

これらの証言の出所が事件後に現場に駆け付けた土佐藩士、海援隊士たち、土佐藩側によるものであることから、不自然な遺留品である下駄と鞘同様に土佐藩側の意図があったと思われる。

龍馬が数太刀の斬撃でほぼ絶命しているのに対し、中岡は全身十数か所を斬られながら、なお襲撃後二日間存命している。

全身に刀傷を負うというのは一見凄惨だが、剣術の技量の面から判断すれば、斬った者の斬撃の不確かさと心の揺れを表している。

これは龍馬を斬った者に比べ、中岡を斬った者の技量がはるかに劣っていたことの現れであり、この龍馬と中岡の斬撃傷の違いからも刺客は二人いたと推察される。

真偽は不明ながら、刺客の一人が去り際に大声で詩吟を放歌していたという中岡の証言がある。一見豪胆に思えるが実はそうではない。激しい闘争を行った後は心が異様なほど高ぶり、感情や大声を抑えられないことがあるからだ。

刺客であれば証拠を残さずに立ち去るのが最善であり、隣家や家人に聞こえるかもしれない状況の中で放歌するということは、豪胆ではなく、心の揺らぎを表している。襲撃時の刃筋の乱れから、もし実際に放歌した者がいるとすれば中岡を斬った者ではないだろうか。龍馬を斬った者はその斬撃の確かさから、殺害現場を放歌しながら引き上げていくという未熟な姿は浮かびにくい。

そして、二人の刺客がいたとすれば、

「（刺客が）部屋に斬り込んできた」「『コナクソ！』と叫んで斬りかかってきた」とする中岡の証言は、部分的に真実の可能性が見えてくる。

座っていた刺客が龍馬を抜き打ちに斬り付け、中岡にも一撃を加えた後、もう一人の刺客が部屋に躍り込み、背後の刀を取ろうとした中岡の後頭部に「コナクソ」と叫びながら斬りかかったとすれば、中岡の証言と殺害状況が部分的に一致するからだ。

見廻組の隊士が龍馬を斬る刺客の後に続き、近江屋に入った数人が一階の近江屋新助夫妻の寝室に入り、剣で威して騒がないようにしたという今井の証言をもとにした説がある。だが、これは殺害現場の近江屋の主人・近江屋新助、殺害後の現場に立ち会った菊屋峰吉の証言と一致していない。

新助は明治四十三年、峰吉は大正五年まで存命しているがそのようなことは語っていない。仮に「威して騒がないようにした」というのが事実だとしても、刺客たちは新助夫婦に声を聞かれ、姿を見られていることになる。暗殺という手段をとった者たちが、殺害現場の目撃者に何もせずに立ち去るというのは考えにくい。

今井信郎は明治四十二年の証言で「公務」であったと述べている。だが、事件当時は大政奉還直後であり、江戸幕府の終焉と共に、旧幕臣が倒幕派の雄藩である土佐藩士に対して実際的な警察権の行使力を持ち得なかったことは明らかである。

京都守護職の解体前であっても、そのことは実行犯である見廻組隊士たちにも理屈では受け入れ難くとも如実に分かっていたのだろう。

幕府存在時の「公務」であれば龍馬は罪人であり、駆け付けるだろう土佐藩士たちなど気にする必要はなく、龍馬殺害後に逃げるように素早く立ち去る必要はないからだ。むしろ、龍馬を匿っていた近江屋新助を罪人逃亡幇助の罪で拘束していただろう。

確かな物的証拠――掛け軸

近江屋二階、龍馬のいた奥八畳間の床の間に飾ってあったという掛け軸は、上部に事件後、海援隊士・長岡謙吉（のちに海援隊二代目隊長）が記した追悼文がある。

そこには十一月十五日に龍馬と中岡が要談中に刺客に襲われたことが記されており、この掛け軸が事件当日、現場に掛けられていたことを証明している。

この掛け軸の下部には龍馬の血痕が残されている。この血痕を分析すると、主となる血痕はいずれも向かって左から右にかけて、やや弧を描いて、掛け軸のほぼ正面から付着している。

掛け軸は長さ約九十㎝、幅三十㎝。これを床の間に通常通りに吊るすと掛け軸の下部はちょうど座った者の頭部ほどの高さであり、片膝をついた者が腕を横に振った高さとほぼ同じになる。

菊屋峰吉が図で示したように、龍馬は掛け軸が掛かった床の間を背にして部屋のほぼ中央部にいた。龍馬の背後の掛け軸に対してほぼ正面から血痕が左から右に付着するには、掛け軸の左側に位置し、刀を右手で横に薙ぐように振らねばならない。

それではこれらの点を踏まえ、殺害時の状況を推測してみよう。

床の間の掛け軸を背に座った龍馬に対し、刺客は八畳間の襖を開けて入室し、襖を背に座る。

座った位置は龍馬から見ると左斜め前であり、この位置から右膝をついて右手で居合抜きに龍馬の額に向かって刀を横に斬り払う。畳と水平にやや弧を描いて振られた刀は、ちょうど背後の掛け軸に対しほぼ直角の角度となり、血痕の位置とほぼ同じ高さになる。顔面に横斬りを受けた龍馬の体が後方にのけぞり、後ろの掛け軸に血痕が飛沫したと推測される。

刺客は部屋に入室後、座った状態から一太刀目の居合で龍馬の顔面へ水平に斬り付け、二太刀目は龍馬が斬られたのを見て、立ち上がろうとした中岡に打ち込まれたと思われる。

居合は抜き打ちから斬り下ろしまでを瞬時に行う技法である。龍馬は斬撃を背中に受けているが、もし、刺客が額への居合斬りから二太刀目を龍馬に斬り込んでいたならば、床の間の刀を取ろうとした龍馬は背を向ける間もなく、正面から斬られていたはずだ。また、刺客はその間に、左隣にいる中岡の攻撃を受けていた可能性が高い。

龍馬は刺客の三太刀目を背中に受けつつ背後の刀をとる。しかし、振り返った龍馬に四太刀目が斬り込まれる。

龍馬はこの斬撃を鞘ごと受けるが、強烈な斬撃は鞘内部の刀身までをも削り、龍馬の前頭部に食い込み、龍馬は倒れ伏す。これが致命傷となる。

直後、もう一人の刺客が部屋に突入し、斬撃から立ち上がろうとした中岡に斬り込む。

立ち上がれない状態の中岡は腰に帯びていた短刀で必死に敵の斬撃を防ごうとする。中岡の全身の傷から判断するに、龍馬のように数太刀で致命傷を受けたのではなく、防御創のような浅い斬撃を多

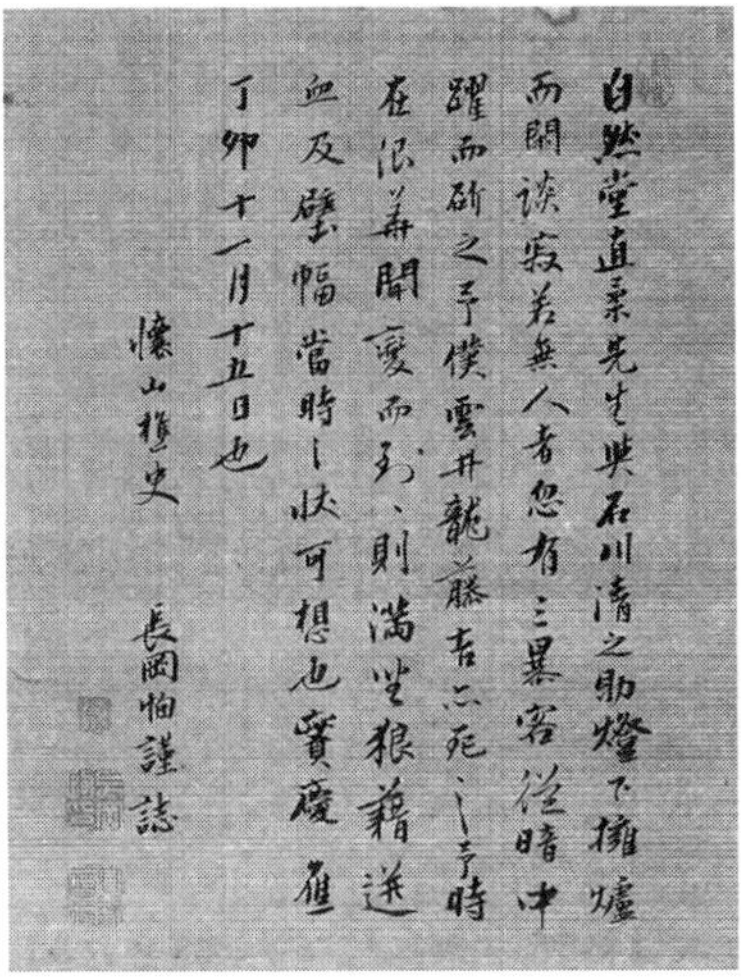

長岡謙吉による追悼文

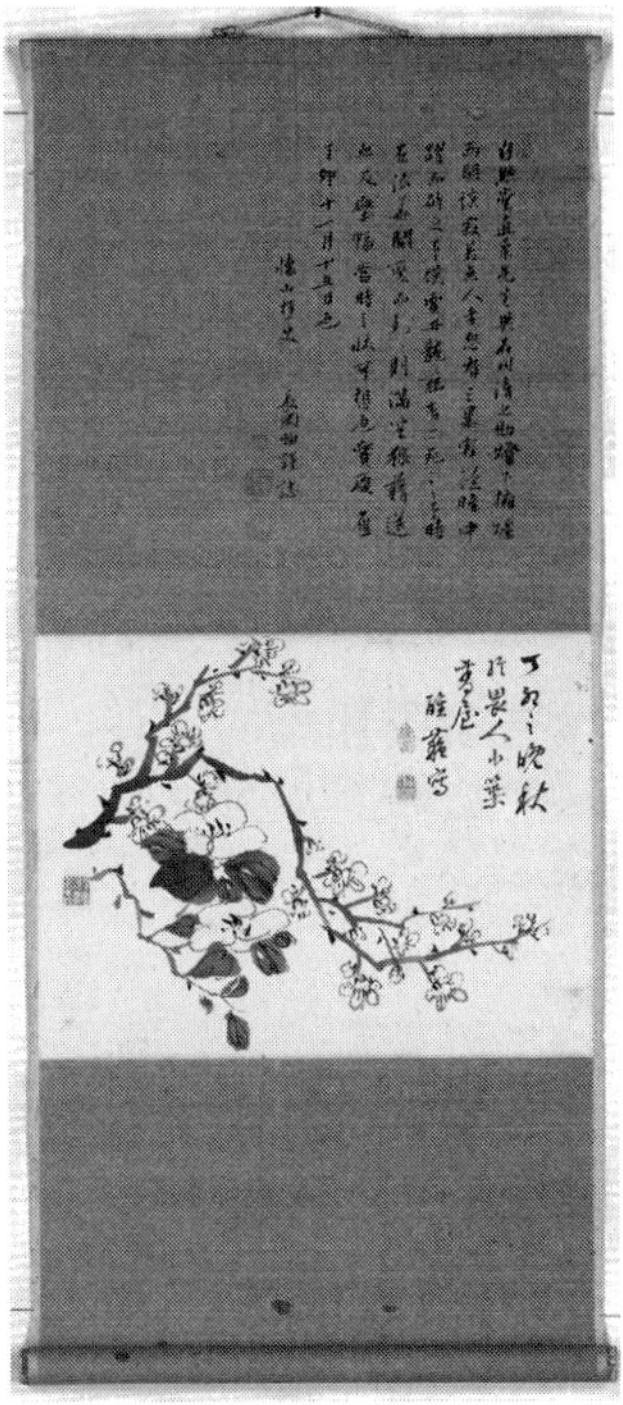
龍馬暗殺現場の掛け軸
（京都国立博物館蔵）

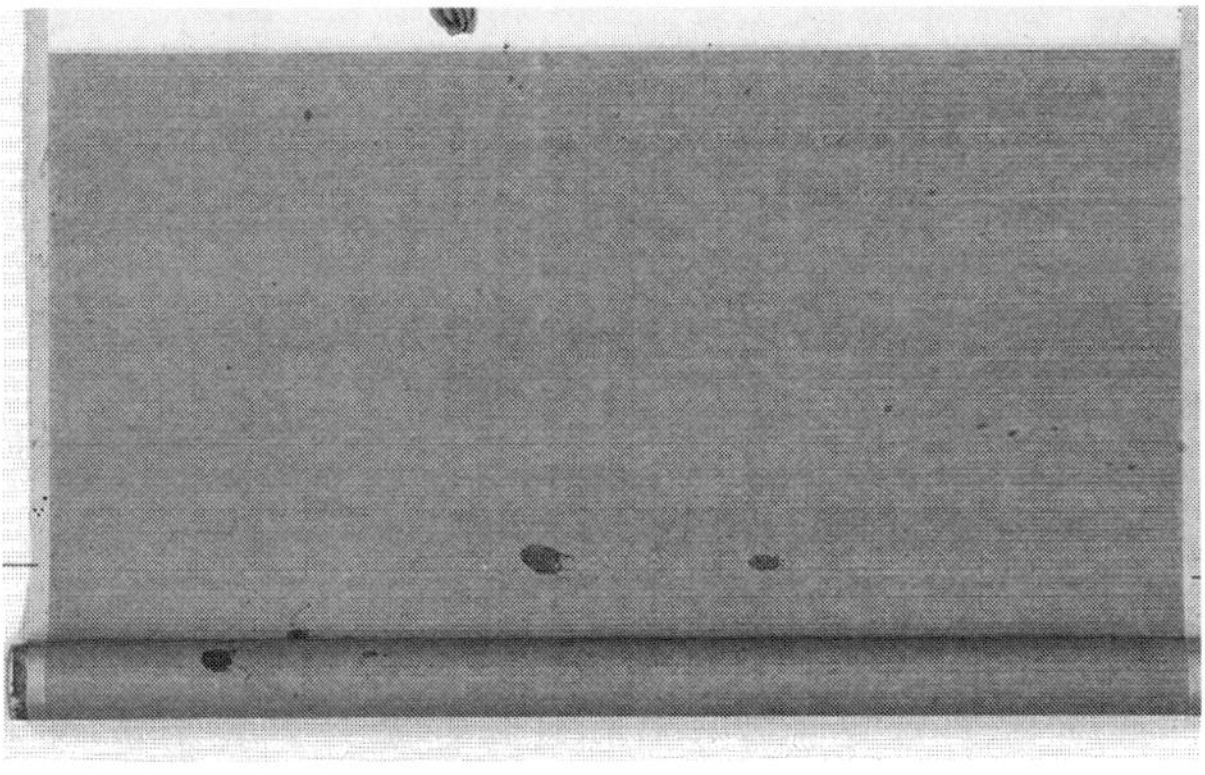
掛け軸に付着した血痕

く受けたのだろう。

また、最終的に奥八畳間に入った刺客は何人かに及ぶかもしれないが、実際に龍馬と中岡に斬り込んだ者は二人と推測される。

長岡謙吉

現場の八畳間という狭さ、真っすぐに立てないほど天井が低かったという間取りから考えても、敵味方四人以上の人間が日本刀を持って斬り合うには無理がある。人数が多すぎては刺客側が味方も斬ることになってしまう。実行前に誰が部屋に入り、龍馬を斬るかを決めて遂行したのだろう。
掛け軸に付着した血痕は、前述した初太刀によるものではなく、鞘を削りながら前頭部を断ち割った斬撃によって飛沫したものだという説がある。
だが、致命傷となったこの斬撃により、龍馬は頭蓋骨を断ち割られ、傷口から脳漿が溢れるほどの深手を負っている。この斬撃によって掛け軸への血痕が生じたとするならば、刀身を削るほどの衝撃と致命傷となった龍馬の傷口からも、もっと多量の血液が掛け軸の広範囲に渡って付着しているはずなのだ。

龍馬の刀と銃

龍馬は近江屋で襲撃された際、寺田屋の時のように拳銃を持っていたのだろうか。

「奇傑坂本龍馬、中岡慎太郎の二氏刺客の凶刃に倒れてより四十年（中略）次に氏が当時帯びたる吉行の刀あり、又同じく所持せりしピストルありしが、こは同志の士が駆けつけて死骸の始末をなせし時、淋璃たる鮮血中より露はれしなり（後略）」【明治三十九年十一月十六日　高知新聞】

この龍馬の遺品展覧会の記事からも分かるように龍馬は寺田屋事件の時と同じように拳銃を持っていたのだ。

龍馬が愛用した拳銃は二丁あったという。一つは高杉晋作から贈呈されたS＆Wモデル2アーミー33口径六連発で、寺

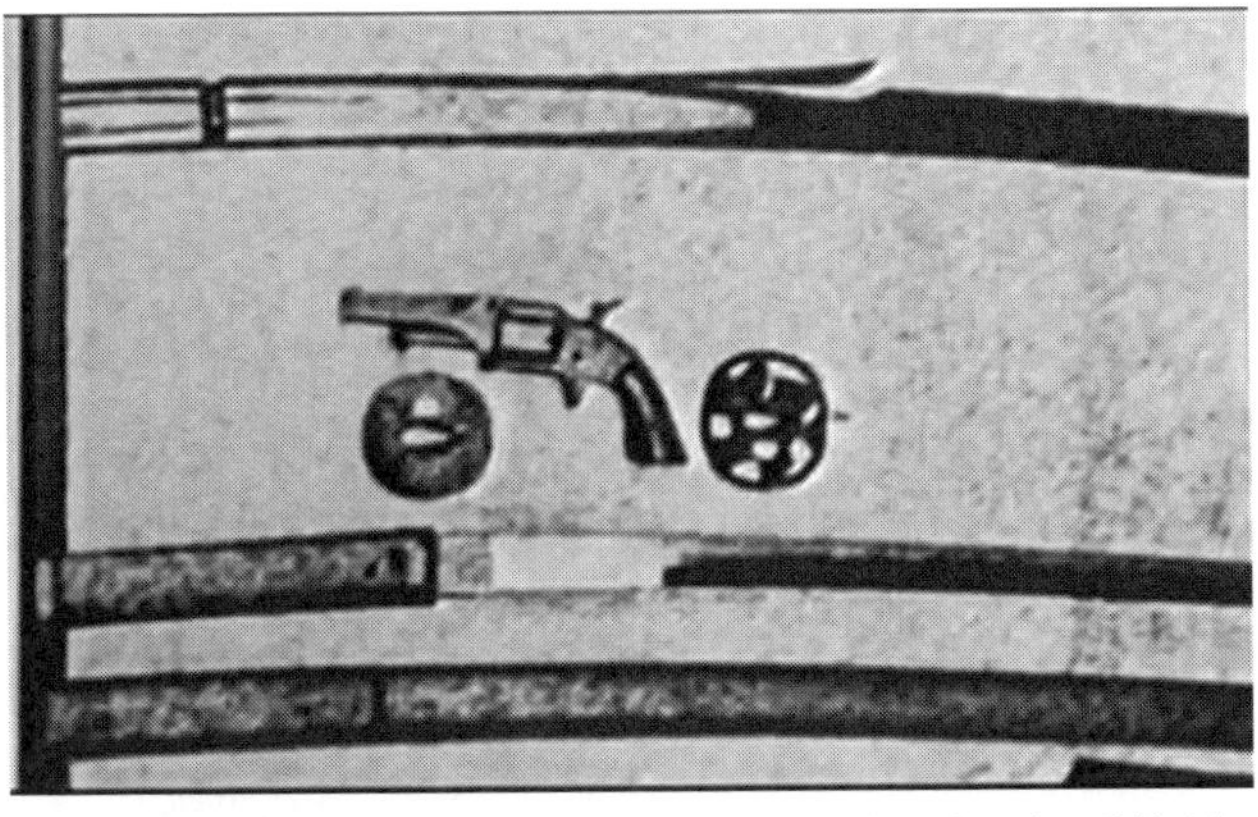

暗殺時の龍馬の佩刀と拳銃（『雋傑坂本龍馬』大正十五年　秀英舎）

田屋事件の際に使用したのはこの銃であると言われている。

しかし同事件の際に紛失し、後に買い求めたのがS&Wモデル第2型アーミー32口径五連発で、これは妻、お龍と共に一丁ずつ所持していた。

姉乙女宛ての手紙に「長サ六寸計（ばかり）五発込懐剣より八ちいさけれども、人おうつに五十間位へだたりて八打殺すことでき申候」と書き送っている。

薩摩滞在時はこれで狩猟などを楽しんだという。この銃が暗殺された時に携帯していたものだが発砲することなく殺害されている。

そして近江屋で襲われた時、鞘のまま敵の白刃を受け止めたのは佩刀、陸奥守吉行二尺二寸の刀である。

この刀はその後、龍馬の甥であり、坂本家の家督を継いだ坂本直（小野淳輔）に伝わって保管される。坂本家が明治三十一年に北海道へ移住した時も所持しており、北海道では坂本龍馬遺品展覧会を開いている。

展覧会では刺客の斬撃を受けた鞘も展示され、暗殺された時に携帯していた拳銃、鞘から出した陸奥守吉行と共に撮影した写真が現存している。残念ながら刀と鞘は大正二年（一九一三）十二月、北

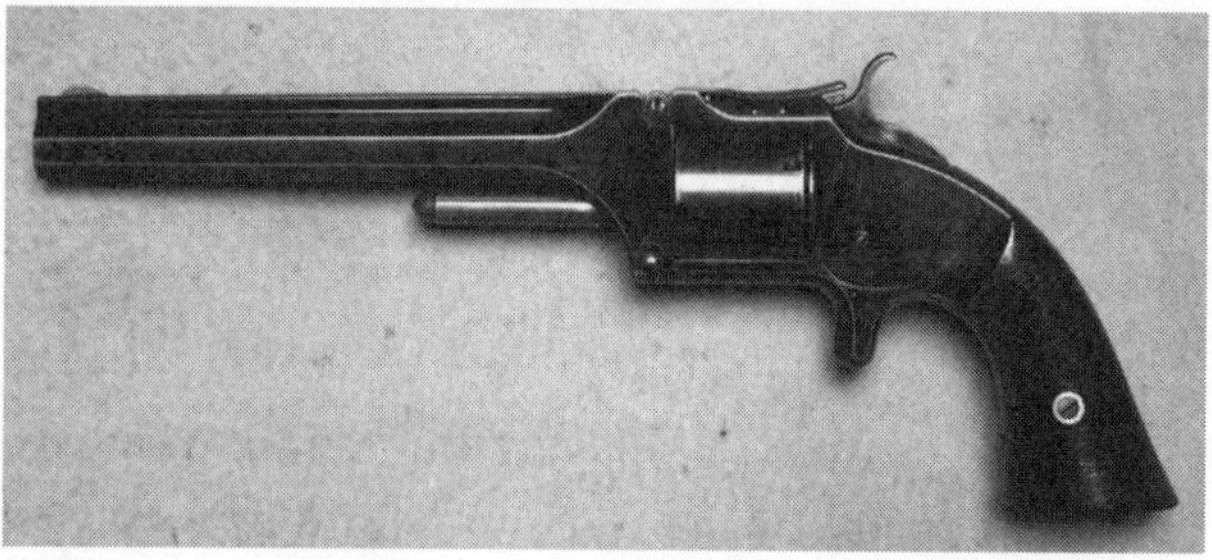

龍馬の拳銃と同じモデル
"Smith & Wesson Army No 2 cal .32 Rimfire、6 Shot" by Hmaag is licensed under Creative Commons Attribution-Share Alike 3.0 Unported.

海道釧路市で発生した「釧路の大火」に遭って焼けてしまう。

陸奥守吉行は焼け跡から取り出されて研ぎ直され、昭和六年(一九三一)、坂本家第七代当主・坂本弥太郎から京都国立博物館に寄贈され、現在も展示されている。

暗殺の剣技

これまでの龍馬暗殺の定説では『竜馬がゆく』で描写されている場面のように、刺客が藤吉を背後から斬った後、龍馬の部屋に殺到して斬り込み、龍馬と中岡に立て続けに斬撃を浴びせて斬り倒すという説が流布していた。

だが、龍馬の血が付着した掛け軸の存在からこの説は否定される。

掛け軸へ付着した血痕の位置、形状による科学的検証から、刺客は龍馬たちのいた奥八畳間に「入室して座った」のちに、龍馬へ斬り付けたのだ。

幕府の探索方によって龍馬の居場所が分かっていたならば、多人数で不意に襲撃したほうが暗殺を成功させる確実性は高い。これは現代も幕末も変わらない。

暗殺時の龍馬が居た奥八畳間の部屋の狭さ、天井の低さから、大刀による戦闘の不便さが疑問視される。だが考えてみれば、狭い部屋で座っている時に不意に斬り込まれたならば、座っている側は動きが制限されるだけでなく、逃げ場がないので圧倒的に不利になる。

しかし、襲撃側からすれば龍馬暗殺には大きな障害があった。それが龍馬の持つ拳銃であった。龍馬は寺田家で多くの幕吏に部屋に踏み込まれた際、拳銃で二名を殺害して難を逃れている。

この拳銃は見廻組のような志士、浪人を取り締まる側からすれば大変な脅威だっただろう。新選組同様、見廻組も武装警察ともいえるその職務上、剣の練達者が揃っていた。だが、どんな剣の達人であろうと室内で至近距離から拳銃で撃たれては防ぐのが困難だ。

龍馬近江屋潜伏の情報が入った時、見廻組が龍馬を捕縛、もしくは殺害するにしろ、任務を確実に成功させるために拳銃への策が練られたのは想像に難くない。

ゆえに、実行犯の人間は剣術とは別に居合の名手が選ばれたのだろう。残された物的証拠から、龍馬暗殺の手段は二階の部屋に一気に突入して斬り倒すという、行き当たり的なものではなかった。寺田屋の時と同じ失態を繰り返さないためにも、玄関で名札を提示して龍馬の部屋に入り、龍馬が拳銃を取り出す前に斬るという周到な戦略があったことが窺える。

この策のためには剣を抜いた状態で戦う剣術より、座した状態から狭い室内でも闘える居合術、すなわち「座居合」の名手の存在が必要であった。

そして、武士の作法から龍馬暗殺を検証すると、以下の点が重要になってくる。

＊鎧武者が馬上合戦において片手で振りやすいように反りの大きい姿で、腰元に刃を下に向けて提げたのが「太刀」。刃を上に向けて腰に差した大刀と小刀の二振りを「打刀《うちがたな》」といい、大刀を「刀」、小刀を「脇差」と呼ぶ。

本来、この大刀の方を指す場合、単に「刀」というのだが、一般的に日本刀全般を「刀」と呼ぶ場合があるので、ここでは「大刀」と呼称する。

①襲撃前の行動

武士が入室する前には、部屋の入口の敷居の前で座る。

訪問する相手が座しているのに対し、初対面の訪問者が立ったまま襖を開けて見下ろしながら挨拶を交わすことはない。そして大刀は必ず右手に持つ。武士は右利きとして育成されるため、右手に大刀を持つことは相手に害意がないことを示す必須の作法である。

②大刀を置く位置

入室して座る際は大刀を自分の右横に置き、刃を自分側（内側）に向ける。

日本刀は反りがあるので、刃を自分側に向けて置くことで瞬時に抜くのが困難になる。右利きとして育成される武士が、座位から「右手」で抜き打ちに斬るには、大刀を己の左横に置かねばならない。武士の作法において、大刀を右手で瞬時に抜き打つことができる左横に置くことや、左手に持つことは大変な非礼であり、害意をもっていると見なされた。

このことから刺客が座ったあとで大刀を右手で抜くために「大刀を左横に置き換えてから」抜き打ちに斬ったという説は成り立たない。大刀を置き換えようとした時点で龍馬や中岡に害意を察知されて刺客と看破され、即座に斬られてしまうだろう。

③間合い

龍馬の額への初太刀の斬撃は、掛け軸に残る血痕から、座っていた状態から座居合によって放たれたものと考えられる。

小太刀の名手が腰の脇差で抜き打ちに斬ったという説があるが、江戸時代の男性の平均身長は百五十三㎝であり、龍馬が斬られた奥八畳間の間取りでは、脇差で龍馬を斬るには明らかに間合いが遠すぎる。また、江戸時代、脇差の寸法は二尺（約六十センチ）以内と定められていた。

龍馬と中岡のように刺客に狙われている緊迫した状況の中で、初対面の訪問者が、訪れた相手を腰の脇差で抜き打ちできるような位置に座ることは不自然であるし、武士の作法としてもあり得ない。

訪問者が座るとすれば、相手と一定の間合いをとった、部屋の入口の敷居際のはずである。

実際に行うと分かりやすいが、八畳間において敷居際の位置から腰の脇差で抜き打ちをした場合、座敷奥に座った龍馬の位置に刃が届くのは困難だ。だが、右膝横においた大刀による右片手斬りであれば、右前足で深く踏み込めば可能な間合いになる。

④龍馬の刀への斬撃

谷干城、田中光顕の証言から、刺客の龍馬への斬撃は受けた刀身を削り、頭蓋骨に食い込んでいる。鍛えられた日本刀というものは非常に強靭であり容易に削れるものではない。刀はただ振り回しただけでは威力が出るものではなく、対象物に刃が向いていなければ相手を斬り裂くどころか巻き藁すら斬ることはできない。

刀身を削りながらも頭蓋骨を断り裂くということは、刀身の刃先が相手に十分に向き、尚且つ剣と剣がぶつかった衝撃でも跳ね返されずに頭蓋に食い込むほどの強力な一撃であったことが分かる。

暗殺現場に駆けつけた谷と田中は以下のように証言している。

「坂本の受けた刀は太刀打ちのところが六寸ほど（約二十センチ）鞘越しに切られ、刀身は三寸ほど（約十センチ）傷ついて鉛を切ったようになっていた」

（「維新風雲回顧録」田中光顕　昭和三年）

「六寸ほど鞘越しに斬られており、刀身は三寸ほど、鉛を切ったように刃が削れていた」

（『谷干城遺稿』「坂本中岡暗殺事件」明治三十九年）

もし、脇差の片手打ちを大刀で受けられた場合、片手ゆえに刃筋が通りにくく、受けられた刀は刀身に沿って滑りやすい。龍馬の刀に残った「鉛を切った」というような、受けた刀身を鞘ごと削り、額に斬り込む斬撃とは「大刀」での「両手握りに」よるものとみられる。この刀身に残る斬撃による傷跡から、龍馬を斬った者が尋常ならざる遣い手であったことは間違いない。

最近では見廻組の桂早之助が脇差で龍馬に斬り込み、鞘で受けた龍馬の刀にそのまま刃を押しつけ、切先が龍馬の額を斬る再現映像があるが、鍛えられた玉鋼の刀は凄まじく強靭で、押しつけて斬った程度で刀身が大きく削られることはない。せいぜい擦り傷が付くぐらいである。

しかも近江屋の間取りから、奥八畳間の敷居際から部屋中央の奥に座る龍馬までは、桂のものとされている刃長四十二・一㎝の脇差では間合いとして遠すぎる。

土佐出身の漢学者で、維新史料編纂委員となった川田瑞穂が桂の娘婿の桂利器に面会し、桂が「龍馬を斬った」というこの脇差を調査している。

刀を見た川田は次のように記している。

「初めより室内の闘争を予期して長刀を携えざる小太刀の名人のみを二階に闖入せしめたのである。予は桂早之助の娘婿・利器の宅にて右に使用せし刀を見せて貰ひたり、二尺に足るか足らぬかの脇差程度のものであった。」

（『土佐史談』六十九号　昭和十三年）

このように多くの剣術の心得のない研究者が「近江屋室内での闘争」から確証なく「狭い室内」→「脇差が使用された」と早合点して発表したことで、この脇差説がまるで事実のように流布してしまったのだ。

暗殺状況の推察――藤吉と刺客の接触

山田藤吉は近江国大津鹿関町（大津市三井寺町）の農家に生まれた。幼少の頃から腕力に優れ、相撲取りとなる。四股名は雲井龍という。

力士として活動し十両まで上がるも勝負根性に難ありとの理由で廃業。その後、京都の料亭・武乃屋の出前持ちとなり、坂本龍馬の下宿先の材木商酢屋に出入りするうちに長岡謙吉、菊屋峰吉の知遇を得てその伝で坂本龍馬の用心棒兼世話役となった。

藤吉は龍馬の世話をする傍ら、志士に憧れて剣術稽古をするので龍馬は藤吉を可愛がり、大小の刀を与えたという。

慶應三年十一月十五日、近江屋において刺客に斬られ、翌日十六日に死去。その後、龍馬や中岡と共に霊山護国神社に葬られた。


事件当時、龍馬の従僕であった藤吉は近江屋の一階と二階のどちらで、いつ殺害されたのだろうか。藤吉と刺客の接触、すなわち当夜の藤吉の行動をなぞることが検証していくうえでの重要な鍵の一つになる。

また、掛け軸と屏風の血痕という物的証拠、龍馬の額の傷、龍馬の刀と鞘の損傷、そして部屋の広さ等の状況証拠から推測できるのは以下のことがある。
○刺客は部屋に突入したのではなく、龍馬に入室を許可されて座っていた。
○刺客は座った状態から、自分の右横に置いた大刀を右手で抜き、左から右に龍馬の顔面を横に抜き打ちした。

○龍馬は立ち上がることはできずに斬り倒された。
○龍馬への斬撃の数は三〜四太刀と思われる。
○一部に流布している「龍馬の大小三十四か所の傷」は間違いである。
○中岡は座った状態で襲撃され、立ち上がることができずに斬り倒された。
○掛け軸と屏風の血痕、龍馬の鞘の損傷から、谷と田中の証言は殺害状況と一致する。
○二人の斬撃傷から、龍馬と中岡を斬った人間は別人と推測される。
○二人の傷、部屋の狭さ、天井の低さを考えると、実行犯は二人である
○右のことから殺害現場には龍馬と中岡の二人だけで書生はいなかった。
○今井信郎と渡辺篤の証言は殺害状況と一致せず、二人は実行犯ではない。
○龍馬の受けた傷、刀身への斬撃跡から使用されたのは大刀によるものと推測される。よって桂早之介も実行犯ではない。

これらをもとに事件を逆の順に追って検証していきたい。

①龍馬は掛け軸の前で座っているところを、顔面を横に抜き打ちに斬られた。
←
②現場の奥八畳間に案内されて入室して座った者が斬った。
＊渡辺篤等の記述のように、二階の龍馬の部屋に斬り込んだとする説があるが、掛け軸の血痕の位置

からその状況は当てはまらない。

刺客は犯行前に龍馬の前に座ってから斬り付けている。

今井信郎は「部屋に入って座ったのち、龍馬に挨拶をしてから斬り付けた」と証言しており、このことからも今井は事件現場にいたか、見廻組の実行犯の者から犯行の具体的な様子を聞いていたと考えられる。

今井の取調べにおける奥八畳間の配置についての供述はほぼ事件現場通りであったという。

③藤吉は刺客を案内した後に斬られた。
←
④刺客は藤吉に案内され、入室して座った。
←
⑤龍馬は藤吉の話を聞き、訪問者を通すように言った。
←

＊藤吉が倒れていたのは一階か二階かはいずれにしても龍馬の部屋の中ではない。
刺客が龍馬の前に座っていることから、案内した藤吉は部屋の外で斬られている。

今井信郎の証言では奥八畳間に行く途中で藤吉を斬り、入室して龍馬と中岡の前に座って挨拶をし、答えたほうを龍馬と見定めてから斬ったという。

だが、潜伏している場所に見知らぬ人間が案内もなく入ってきて、勝手に座って挨拶をすることがあるだろうか。そのような状況は危険な幕末の時代だけでなく、現代に置き換えても有り得ない。

⑥藤吉は（名札の有無は別として）二階に上がり、龍馬に訪問者を通すかどうかを聞いた。←

＊今井家口伝には、近江屋に入った後に一階で先導する藤吉を斬り、二階に上がったというものがある。

だが、掛け軸の血痕から刺客が犯行前に龍馬の前に座っていたのが明白ならば、藤吉は訪問者の来意を龍馬に伝えるため、一度二階に上がっている。←

⑦刺客は近江屋を訪れ、藤吉に龍馬への面会を求めた。

今井は家族に「自分一人で龍馬、中岡、下僕（藤吉）の三人を斬った」と語り遺している。しかし、①〜⑥のことから、藤吉が刺客を龍馬の部屋に通しているならば、部屋の外で藤吉を斬ったもう一人の刺客が存在するのだ。すなわち、やはり刺客は二人いるのだ。そして、これらのことから藤吉は「龍馬の部屋に刺客を通した後、部屋を出た二階で第二の刺客に斬られた」と推察される。

残された物証と武士の作法、剣技からの検証

龍馬殺害時の検証においては、武士の作法と剣技、掛け軸と龍馬の刀という残された物的証拠から

以下の三点が柱となる。

まず武士の作法により実行犯は、

一、大刀を自分の右横に置き、龍馬の前に座っていた。

次に龍馬の刀の傷から間合い、威力、角度の面で、

二、脇差ではなく大刀が使用された。

そして掛け軸の血痕から剣技として、

三、座居合によって右手の大刀で龍馬の額を左から右に抜き打ちに横に斬った。

谷干城、田中光顕の証言によれば龍馬の致命傷となったのは額の傷だった。だが、背後の掛け軸に血痕が付着した際の、初太刀の抜き打ちによる額の傷が致命傷になったのではない。

状況から推測すれば、龍馬は顔面への初太刀を受けた後、背後の刀を取ろうとして背を斬られている。次の斬り込みを掴んだ刀で受けるも、その斬撃が龍馬の持つ刀を鞘ごと削り、額の頭蓋骨を斬り割ったと考えられる。

つまり龍馬は初太刀の抜き打ちの時と、致命傷となった額の時と二回頭部を斬られているのだ。

このように「座位から右横に置いた大刀を右手で抜き、瞬時に相手を斬る」居合術は古流武術に伝承されている。

ある古流武術には座居合「奥」という技法がある。

この技は自分の右横に置いた大刀を右手で取り、親指で鯉口を切りつつ鞘に左手を添え、柄を突き出すように前に出し、右手を軸に大刀を反転させ、右手で柄を握って抜き打ちに水平に斬る。

この際、抜刀と同時に左手で鞘を後方に引くことによって、抜刀時の加速を上げ、近接間合いでの強力な斬撃を可能とする。水平に相手を斬り付けた後は刀を振りかぶり袈裟懸けに斬り降ろす。これらの動作は流れるように瞬時に行われる。

また、「燕飛」という技は、座して大刀を己の右横に置いた状態から「左手」で抜き打ちに相手を斬る技法である。

そして、座した状態から縦、横、高さ、各三尺（約一メートル）の空間で自在に大刀を振るう「方三尺」という技法がある。

このような特殊な技法は流派独自のものであり、通常の剣術・居合のみの修行者には知られていない。だが、剣の練達者であれば修行次第で修得可能なものである。

この点から考えれば「龍馬を斬った人間は左利き」「小太刀の名手である」「現場は天井の低い部屋だから脇差が使用された」等の説は根拠にならないことになる。

坂本龍馬暗殺は今井が口伝に残しているような当日に籤で実行犯を決める、成り行きにまかせた襲撃ではなかった。寺田家で幕吏を二名殺害されながら捕り逃した龍馬を、幕府の威信のためにも確実に捕殺するために策が練られたものであった。

見廻組与頭・佐々木只三郎が、狭い密室で座した状態から相手を斬れる特殊な居合術を修得していた人物を刺客として選んだのは間違いないであろう。

座位からの大刀による斬撃の再現（連写からの抜粋写真）

刺客は龍馬と中岡を均等に見た位置の敷居際に座る。大刀は刃を内側に向けて自分の右横に置く。（本来、刺客の背後は襖。龍馬の背後に掛け軸がある）

自然な動作で右横に置いた大刀に手にかける

右手で鯉口を切り、鞘に左手を添えて柄を突き出すように前に出す

右手を軸に大刀を反転させる

鞘を横にして柄を右方に向ける

右手で抜刀すると同時に左手の鞘は後方に引かれる

龍馬の額に向けて
斬り込む

龍馬の額を横に斬る

刃が斬り抜けることで龍馬の頭部はやや後方に反り、血が背後の掛け軸に飛沫する

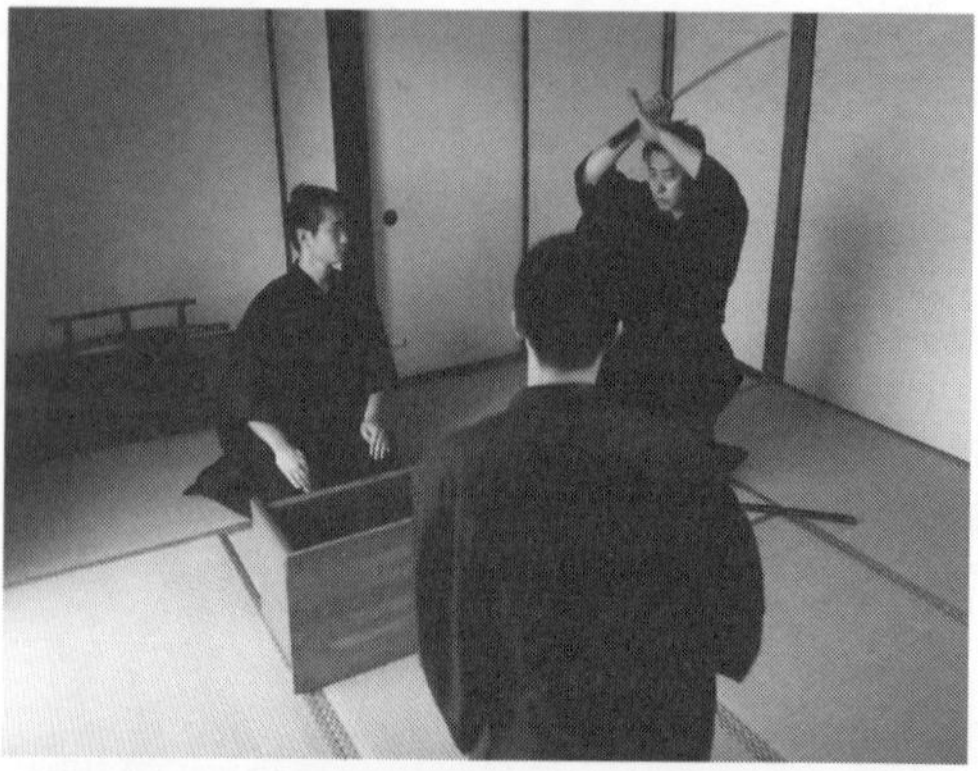

刺客は立ち上がろうとする中岡の方向に転位しながら振りかぶる

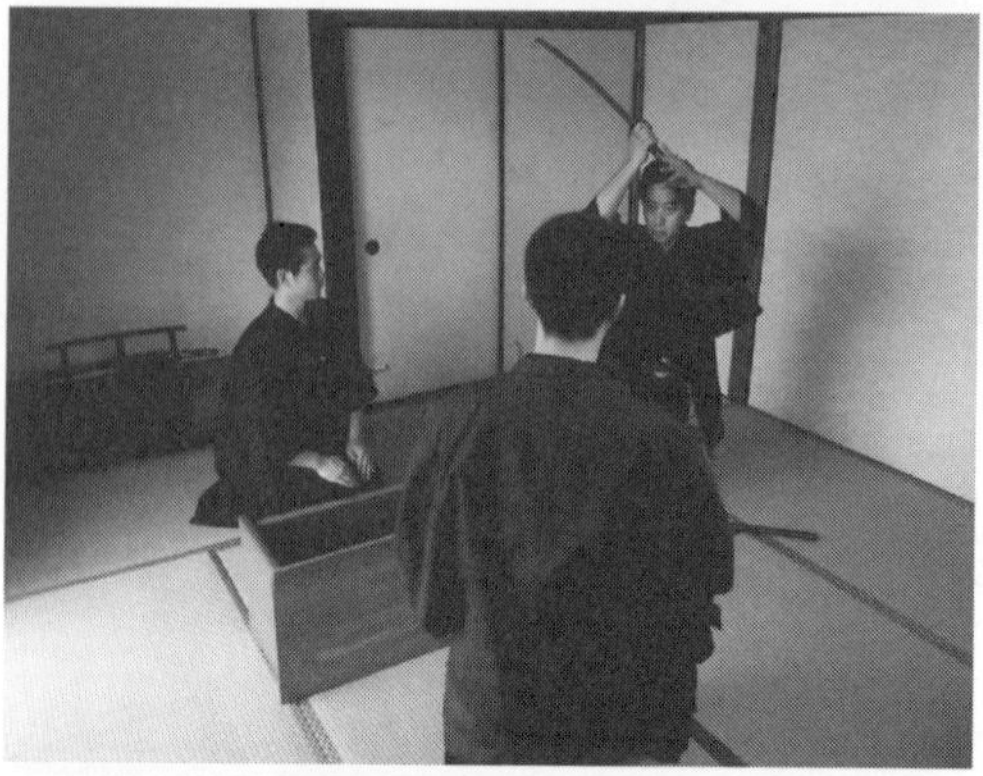

大刀を上段にとる

中岡の頭部に斬り込む

龍馬は体を反転させ
背後の刀を取ろうとする

刺客は龍馬に向き直り、
龍馬の背に向けて振りか
ぶる

上段から龍馬の背を
袈裟に斬る

中岡は後方に倒れる

三太刀目を斬り込もうとすると、龍馬は斬られながらも刀を取る

部屋の天井が低いため、中腰で大刀を肩に担ぐように斬撃姿勢に入る

上段から左膝を落とすように額に向けて斬り込む。龍馬は刀を抜く間もなく鞘を掲げる

斬撃を龍馬は鞘のまま受ける

斬撃は鞘を削りながら龍馬の額に斬り込まれる。龍馬が反転して受けているため、位置的に三太刀目の斬撃による血痕は掛け軸に付着しない

武士の心得からの龍馬暗殺

この龍馬暗殺は用意周到に計画されたものであった。武士の心得からその場面を再現してみたい。

①見廻組は密偵を放ち、龍馬が近江屋に居ることを突き止める。近江屋を見張り、隊士たちは人の出入りがなくなるまで待機する。
(渡辺篤の証言)

②夜更けに到り、一の刺客が近江屋の扉を叩き、出てきた従僕の藤吉に名札を渡し、龍馬への面会を求める。
藤吉は二階に上がり、龍馬に名札を渡す。龍馬は名札を見た後、藤吉に訪問者を入れるように言う。

③藤吉は一階に降り、一の刺客を近江屋に入れる。一の刺客は大刀を腰から抜き、右手に提げて戸口から入る。

④藤吉は刺客の前に立って二階に上がっていく。一の刺客は藤吉の後について二階に上る。その間に二の刺客は戸口から入って静かに二階に上がっていき、他の部屋に身を潜める。

⑤龍馬の居る奥八畳間の襖の前で藤吉は座る。一の刺客も刀を自分の右横に置いて座る。
（部屋の主を立ったまま見下ろさない）
藤吉が中の龍馬に来意を伝えると、龍馬は中に入るようにと応じる。
（襖を開ける前には声を掛ける）
⑥藤吉が襖を開けると、一の刺客は一礼した後に右手に刀を提げて立ち上がり、敷居をまたぎ部屋の中に入る。藤吉は一礼して襖を閉める。
（部屋に入る前や座る前には礼をする）
⑦部屋に入った一の刺客は再び一礼した後、入り口敷居近くに座り、刀を右横に置く。この際、刀の刃は自分側、つまり内側に向けられる。
（武士の作法）

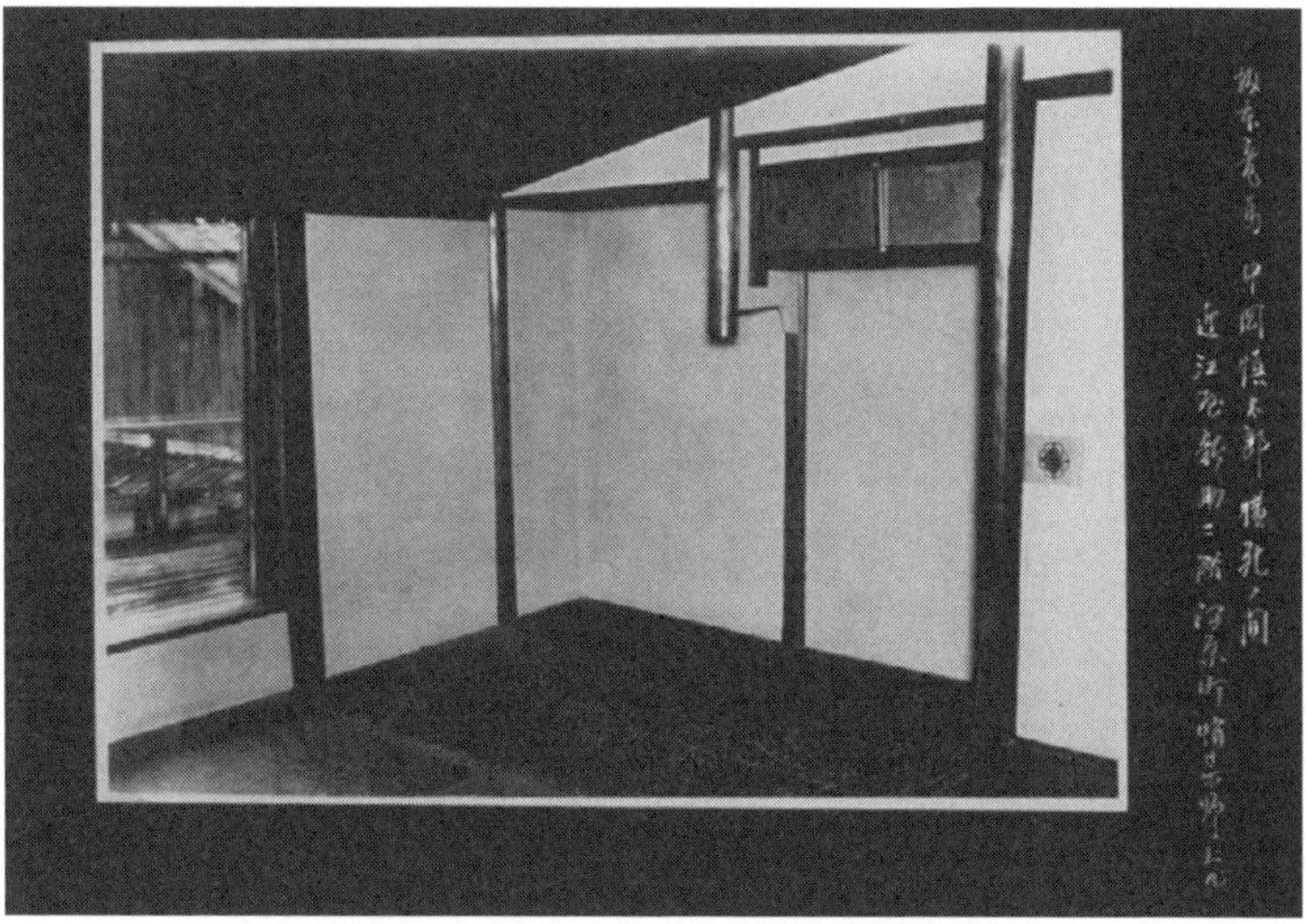

龍馬殺害現場（京都大学附属図書館蔵）

⑧奥八畳間を出た藤吉は一階へ降りる階段に向かう途中、潜んでいた二の刺客に出くわし、斬られて倒れる。

⑨その異音に対し、龍馬と中岡に緊張が走った瞬間、一の刺客は右横に置いた刀を右手で抜き、居合斬りで龍馬の額を左から右に斬り払う。

（掛け軸の血痕）

⑩龍馬への斬撃を見て立ち上がろうとした中岡にも一撃を加える。

⑪藤吉を斬った二の刺客はそのまま龍馬のいる部屋に躍り込み、背後の刀を取ろうした中岡に斬りかかる。

（龍馬と中岡の斬撃傷の違い）

⑫龍馬は背を向けて後方の刀を取ろうとするも、一の刺客はその背を袈裟に斬る。さらに三太刀目を斬り込む。

⑬龍馬は背を斬られながらも刀を取り、体を反転させ一の刺客の三太刀目を鞘ごと受ける。しかし、斬撃は龍馬の刀の鞘を中の刀身ごと削り、龍馬の前頭部に斬り込まれる。龍馬はその場に昏倒する。

（田中光顕の証言）

⑭その間、中岡は二の刺客の斬撃を短刀で懸命に防ごうとするも、体中に傷を受けてついに昏倒する。

（谷干城、田中光顕の証言）

⑮二人の刺客は倒れた龍馬と中岡を見て、殺害現場を素早く立ち去る。

誰が龍馬の前に座ったのか——佐々木只三郎の人選

現在では龍馬暗殺は史学的な面からも九十％以上の確率で見廻組の犯行とされている。

では実際の龍馬暗殺の実行犯が誰であったかを当時の状況から検証してみよう。

現在、見廻組で実行犯として名前が挙がっているのは佐々木只三郎、そして自らを龍馬殺害者と伝え遺したとされる今井信郎、渡辺篤、桂早之助である。

実行前から今井や渡辺、桂といった剣の手練れを揃えたのは、討幕派との斬り合いを想定してのことと思われる。特に龍馬が潜んでいた近江屋は、地図を見れば分かるように土佐藩邸と至近の距離にあった。捕殺に時間がかかれば近江屋の人間が藩邸に走り、土佐藩士たちが駆け付けて斬り合いになる可能性が多分にあった。

実行犯を決めるのは見廻組与頭であった佐々木の人選によるのは間違いない。今井の口伝による鴨川籤引きでなどは孫の幸彦氏の著書にもあるように虚言であろう。そのような重大なことは出動前に決められているはずであり、素人のように人目につく路上で籤を引いて順番を決めるということは考えられない。幸彦氏も認めているように今井の証言には虚言の箇所が少なくない。

この龍馬暗殺を目的とした近江屋襲撃は、あらかじめ手練れを見廻組各隊から選んで実行に移した周到に計画されたものであった。

任務遂行の面から、事前に情報担当、統括指揮、暗殺実行の役割分担がされていたと考えられる。いずれも腕は確かながら、佐々木自身は与頭として現場で全体を統括して指揮する役割から、自らが刺客となるとは思えない。

今井は龍馬殺害事件のわずか一か月前の慶應三年十月に江戸から呼ばれたばかりの新参。渡辺と桂も九か月前の慶應三年二月に見廻組に入隊したにすぎなかった。

桂は代々の地元同心であり探索方として近江屋周辺を見張るために密偵を指示する役割が第一にあったと考えられる。

渡辺篤の記述にあるように見廻組は増次郎という密偵を使い、龍馬の動向を探っていた。龍馬暗殺は現場となる近江屋を密偵が常時見張り、訪問者の絶えた時を見計らって行われたものであった。

また、今井と渡辺の証言によれば、当日、桂は佐々木に指示されて近江屋に赴き、虚言をもって龍馬の在否を確認している。このことから、桂は暗殺を実行に移す前に、龍馬在否を確かめる役目を佐々木から受けていたと思われる。

その桂が刺客としても龍馬の前に座る役を担うのは、役割分担として無理がある。在否を確認する時に、近江屋の者に顔を見られているからだ。

では、一体誰が龍馬の前に座ったのか？

実は今井信郎と渡辺篤の他にもう一人、坂本龍馬殺害は京都見廻組によるものだったと、具体的に実行犯の名を挙げて証言した人物がいる。

その人物の名は新選組隊士・大石鍬次郎。

新選組隊士・大石鍬次郎の証言

兵部省口書

元一橋家来大石捨二郎倅

新選組　大石鍬二郎事　新吉　午三十三歳

（前略）

同年十月比土州藩坂本龍馬石川清之助両人を暗殺之義私共の所業には無之。是ハ見廻組海野某高橋某今井信郎外壱人にて暗殺致候由勇より慥に承知仕候。先達薩藩加納伊豆太郎に被召捕候節私共暗殺に及び候段申立候得共、是は全く彼の薩の拷問を逃れ候為にて実は前申上候通に御座

候。（下略）

（『坂本龍馬関係文書』）

「同年十月頃、土佐藩坂本龍馬と石川清之助（中岡慎太郎の別名）の二人を暗殺したのは、私たち（新選組）ではありません。

これは見廻組の海野某、高橋某、今井信郎他一名が暗殺したものだと近藤勇からたしかに聞きました。

先だって薩摩藩の加納伊豆太郎（鷲雄・元御陵衛士）に近藤勇が召し捕られた際に、新選組が（龍馬を）暗殺したと申し立てましたが、あれはまったく薩摩藩の拷問を逃れようとしたためであって、真実は今申し上げました通りにございます」

新選組による多くの暗殺事件に関与したとされる大石鍬次郎は「人斬り鍬次郎」の異名を持ち、油小路事件では伊東甲子太郎を斬殺したとも言われる。長く局長近藤勇の側近であり、鳥羽伏見の戦いで生き残った後は江戸に帰還。新選組を再編成して組織され、近藤を隊長とした甲陽鎮撫隊にも参加している。

この大石鍬次郎の証言によれば、すでに慶應三年の事件当時で近藤勇は龍馬殺害の犯人を見廻組と知っていたことになる。

この証言は重要である。新選組は当時、幕臣に取り立てられており、見廻組と新選組は幕府におけるいわば武装警察の双璧であった。

その一方の長である近藤勇が幹部隊士である大石に龍馬殺害が見廻組によるものであると話していたことは、市井や部外者の人間が伝聞や憶測、または虚名を求めて発言し、記したものとは違い、はるかに信憑性が高い。

また、以下は明治三年の大石鍬次郎の刑部省においての供述である。

刑部省口書　一橋家来　大石捨次郎倅
元新選組　大石鍬次郎　午三十弐歳

（前略）勇捕縛の節白状に及ぶの旨申聞け候へども、右はかねがね勇話には坂本龍馬討取り候者は見廻組今井信郎、高橋某等小人数にて、剛勇の龍馬討留め候儀は感賞致すべしなど、折々酒席にて組頭の者等へ話し候を脇聞きいたし候へども、右の通り就縛致し候上は即座に刎首致さるべしと覚悟いたし候に付、右様の申訳いたし候も虚言と存ぜられ、私所業の趣申答へ置き候。（下略）

（『坂本龍馬関係文書』）

「近藤勇が捕縛されて尋問を受けたとき、罪を白状したと聞きましたが、勇の話では坂本龍馬を討ち取ったのは見廻組の今井信郎、高橋某たちが小人数で行ったことで、剛勇の龍馬を討ち留めたのは感賞すべきことだと、折々酒席で組頭の者たちへ話しているのを自分も聞いたことがあります。
勇は捕縛されたからには即座に打首になるのだと覚悟して、右のような内容を述べて申し開きしたとしても虚言と思われてしまうので、新選組の仕業と申したのでしょう」

この大石鍬次郎の証言、そして今井信郎の証言に共通して実行犯の一人として名前が挙がっている人物、それが京都見廻組発足以来、与頭・佐々木只三郎の部下であった高橋安次郎である。

真の実行犯

高橋安次郎は元治元年（一八六四）六月、京都見廻組に登用され、江戸から京都に赴任。のちに伍長に昇進する。

元京都見廻組肝煎・今井信郎の刑部省及び兵部省での供述では、慶應三年（一八六七）十一月十五日、京都見廻組与頭・佐々木只三郎の招集を受けて近江屋に向かい、渡辺吉太郎、桂早之助と共に乗り込み、坂本龍馬、中岡慎太郎両名を殺害したとされる。

龍馬暗殺事件の実行犯として、今井信郎、大石鍬次郎の供述に名前が挙がる高橋安次郎は鳥羽伏見の戦いで負傷し、大阪への搬送中に死亡したとされている。だが実際は鳥羽伏見の戦い以後、行方不明とされていたようだ。

伏見の御香宮に保管されている『戊辰東軍戦死者霊名簿』には、

「同五日（正月五日）、伏見淀橋において戦死す、墓地は大阪市心眼寺にあり。同（見廻組伍長）高橋安次郎　二十七歳」

と記録されているが実は生存しており、明治政府の高官になったという説がある。

この心眼寺には同時期に戦死した桂早之助、渡辺吉太郎も埋葬されたと記録されており、かつては高橋の墓も心眼寺にあったといわれるが、桂、渡辺の墓が現存しているのに対し高橋の墓のみがなくなっている。これは鳥羽伏見の戦いで戦死されたとされる高橋安次郎が実は生存していたということではないだろうか。

江戸時代の人々は現代人の想像以上に信心深い。神仏、御霊の存在についてはごく普通に信じられていた。寺院側が戊辰戦争で戦死した武士の墓石を無意味に撤去するとは考えにくい。

事実、桂早之助、渡辺吉太郎（吉三郎）の墓石は無縁仏となりながらも今でも現存している。心眼寺に高橋安次郎の墓石だけを撤去する理由が見当たらない。

常に生死の境目に身を置く武士は特に信心深かった。もし高橋が生存していたならば、変名していたとしても、武士の信心から自分の墓石をそのままにしておくことはなかった可能性が高い。鳥羽伏見の戦いで生き残った高橋が、後に自分の墓を心眼寺から撤去したのではないだろうか。

また、大正六年、川田瑞穂によって『桂早之介略伝』が執筆されたが、その中に、

「因みに早之助と共に坂本龍馬、中岡慎太郎を暗殺したる桑名藩士高橋安次郎の墓は早之助の墓

と相並んで樹てり」
「なお、刺客の一人渡邊吉三郎も同寺（心眼時）に葬ることと明白にて、同寺の過去帳には桂、高橋と並べて左の如き戒名及び俗名を記せり
信光院天誉忠吏義順居士
渡邊吉三郎
正月五日徳川旗本見廻組肝煎戦死」
と記された箇所がある。（傍線部筆者）
この記述によれば、心眼時の過去帳には幕臣のはずの高橋安次郎が桑名藩士と記載されている。これは明らかな間違いであり、他の戦死者との混同があったと推測される。
また、渡辺吉太郎（吉三郎）は過去帳に旗本と記載されていたようだが、渡辺吉太郎は『京都見廻組役人名簿』によれば、元神奈川奉行所支配組の御家人であり、神奈川奉行所同心もしくは定番役と記載されている。
「神奈川奉行支配定番役」とは、文久三年（一八六三）年三月より警備体制を強化するために「下番」を増員した際、

桂早之助と渡辺吉太郎の墓

増員した下番を指揮、命令するために新設された役職である。見廻組入隊時に渡辺篤同様に「見廻組」の階級で登用され、のちに肝煎となっていることからも同心を指揮する与力格だったと思われる。

『戊辰東軍戦死者霊名簿』と『戊辰東軍戦死者追悼碑建設趣意書』

『戊辰東軍戦死者追悼碑建設趣意書』（以下、『趣意書』）は戊辰戦争における旧幕府軍の戦死者について記載されている。

この貴重な資料である『趣意書』には、近江屋事件に関与したとされる見廻組隊士たちについて以下のような記載がある。

戊辰正月伏見鳥羽其他ニ於ケル東軍戦死者
京都見廻組（京都引揚ノ後　狙撃隊ト改ム）

正月三日ヨリ六日ニ至ル鳥羽街道並淀橋本等ニテ
「京都見廻組頭並頭取兼　佐々木只三郎（三十三）」
「見廻組佐々木只三郎付属　見廻組伍長　桂早之助（三十）」
「同内藤七三郎付属　見廻組肝煎　渡辺吉三郎（一作吉太郎又は吉次郎）（二十六）」

正月六日伏見ニテ
「同佐々木只三郎付属　見廻組伍長　高橋安次郎（二十七）」

一方、鳥羽伏見の戦いの際、薩摩軍の陣が置かれた伏見、御香宮に保管されている『戊辰東軍戦死者霊名簿』（以下、『霊名簿』）には次のような記載がある。

「以下、正月五日より同六日に至る鳥羽、橋本等において負傷後、同八日、紀伊国三井寺にて死す。骨は同山上墓地に葬る。
見廻組頭並頭取兼　佐々木只三郎　尚城　三十三歳」
「正月三日より五日に至る鳥羽、淀、橋本等において負傷、戦死。遺骨は大阪小山橋町心眼寺に葬る。
見廻組肝煎　渡辺吉三郎　二十六歳」
「同四日戦死、墓所同山
見廻組肝煎　桂早之助　二十八歳」
「同五日、鳥羽、淀橋において戦死す、墓地は大阪市心眼寺にあり。
見廻組伍長　高橋安次郎　二十七才」

『趣意書』は当時の海軍中将だった榎本武揚の発案によるもので、これによって鳥羽伏見の戦いでの戦死者慰霊碑が明治三十年五月に建立された。

　旧幕軍の戦死者二百五十三名については『霊名簿』をもとに、生存した旧幕臣の証言から作製されたという。このことからも『趣意書』の方がより確実性が高いと考えられる。

「趣意書」の方がより確実性が高いとすれば、桂の見廻組での最終的な役職は肝煎ではなく、伍長が正しいのだろう。

　だが、これらの記録については気になる点がある。

　例えばこの『趣意書』にも名前のある、新選組隊士であり、新選組撃剣師範であった池田小三郎は慶應四年一月三日に勃発した鳥羽伏見の戦いに参戦する。

戊辰東軍戦死者霊名簿
（御香宮神社所蔵）

『趣意書』には「慶應三年一月五日に淀で戦死した」と伝えられるものの『霊名簿』には「正月（一月）三日、伏見に於て戦死」とある。

　しかし、明治三年まで生きた新選組隊士・横倉甚五郎によれば、池田小三郎は鳥羽伏見の戦いで戦死しておらず、江戸に帰還後の慶應四年（一八六八）三月六日、甲州勝沼の戦いに参戦し、甲州板戸で死亡したとしている。戊辰戦争の激戦の中でのことであり、相当な混乱があったのだろう。

横倉は戊辰戦争が勃発すると、鳥羽伏見の戦い、甲州勝沼の戦い、会津戦争を経て、仙台で榎本武揚艦隊と合流し、蝦夷地へ渡航した。明治二年（一八六九）五月十五日に、箱館戦争において横倉らの籠る弁天台場は降伏。

横倉は同所にて謹慎を言い渡されたが、今井信郎などと共に坂本龍馬、伊東甲子太郎暗殺の嫌疑をかけられ、同年十一月九日、東京の糾問所に送検されて取り調べを受けた。

戊辰戦争を最後まで戦い抜いた横倉が、共に戦った池田について嘘の証言をする必要性はなく、むしろ、新選組隊士の同志についての証言なので、横倉の言葉の方に確実性があるだろう。

これも池田小三郎が鳥羽伏見の戦いで実は生き抜いていたように、高橋安次郎もまた生存していたかもしれないという一つの根拠である。

見廻組は鳥羽伏見の戦いでの幕軍の敗戦後、大坂へ敗走するが、その途中の和歌山で佐々木は銃創により死去。今井のように大坂港から軍艦に乗り江戸に帰還後、会津若松へ転戦した者、徳川慶喜警護のために江戸に残った者等、それぞれの意思により分離している。

王政復古後の慶應四年（一八六八）一月十二日、京都見廻組は「遊撃隊」と改称される。元来の遊撃隊は将軍親衛隊である「奥詰」と講武所の剣方、槍方から慶應二年に創設されたエリート将校集団とも言うべき幕府軍事部隊だった。当時、人見勝太郎と伊庭八郎が両隊長を務めていた。しかし、京都見廻組は遊撃隊に編入されることなく、二月十四日には「新遊撃隊」を名乗ることになる。

そして三月十八日には「狙撃隊」となり、京都から続いた「見廻組」の存在は名実共に終焉することとなる。

同日八幡ニテ　歩兵差図役　池田峰造
正月四日鳥羽ニテ　歩兵差図役（第一聯隊）　深津松之助
正月三日八幡ニテ　歩兵差図役並　長坂録郎
同日鳥羽口ニテ　歩兵差図役並　鈴木精吉
正月四日鳥羽ニテ　歩兵差図役頭取改役下役（第一聯隊）　上滝元次郎
同上　歩兵差図役下役並（同）　本地巳之太郎
同上　歩兵差図役下役並（同）　浅野浅太郎
正月〇〇伏見ニテ　〇〇差図役　鏑木貫一

京都見廻組（京都引揚ノ後狙撃隊ト改ム）

正月三日ヨリ六日ニ至ル鳥羽街道並淀橋本等ニテ　京都見廻組頭並頭取兼　佐々木只三郎（三十三）
同頭取坂本杢三郎附属見廻組肝煎　石川勘四郎（四十四）
同上見廻組肝煎　服部準三郎（四十三）
同内藤七三郎附属見廻組肝煎　渡辺吉三郎（二十六）（一作吉太郎又吉次郎）
同佐々木只三郎附属見廻組伍長　桂早之助（三十）
同葉若釓蔵附属見廻組伍長　村上環之助（二十五）
正月六日伏見ニテ　同内藤七太郎附属見廻組伍長　今井直蔵（三十一）天保八丁酉年五月廿五日生（源信直）
同上見廻組伍長　高橋安次郎（二十七）
同青木陽蔵附属見廻組　島田民吉（三十二）
同上見廻組並　大堀金三郎（三十）
同上見廻組並　関屋与次兵衛（五十五）
同波多野小太郎附属見廻組並　桜井大三郎（三十）
同上見廻組並　土肥沖蔵（三十六）

同小林金蔵附属見廻組並　堅田熊之丞（二十二）
同上見廻組並　佐藤勉一郎（二十六）（一作熊次郎）
同青木陽蔵附属見廻組並　大塚貫一（二十）
同葉若釓蔵附属見廻組並　鈴木直人（二十二）
同坂本杢三郎附属見廻組並　寺橋清五郎（二十）
同人仮附属見廻組並部屋住　高梨克之助（十三）
中田芳次郎
小島激太
高梨鉄太郎
吉村力太郎
奥田藤左衛門

元伏見組（元伏見奉行支配）

矢田貝泰次郎
中村耕作

元鉄砲奉行組

小篠某
野村某

新撰組

三浦常次郎
田辺太三郎
池田小三郎
斯波緑之助
鈴木真人
水口市松
宮川数馬
逸見勝三郎

〔記念事業〕　戊辰東軍戦死者追悼碑（明治二十九年・1896）　五三一

戊辰東軍戦死者追悼碑建設趣意書（傍線部筆者）

実行犯の身分

「京都見廻組役人名簿」によれば高橋安次郎は十人扶持で前職無記載となっている。おそらく、見廻組登用時の階級が「見廻組御雇」だったことからも、登用前は御家人の部屋住みの身だったのだろう。

近江屋事件実行犯メンバーのうち、今井信郎、渡辺篤、渡辺吉太郎が見廻組肝煎（小隊長・幹部クラス）であるのに対して、高橋、桂が伍長という階級であったのは、見廻組の組織性ゆえと思われる。

見廻組は幕府の京都警備組織として元治元年（一八六四）に設立された。新選組の中核者が武士だけでなく、農民、町人出身者をも含んでいたのに対し、武士階級、特に旗本の次男、三男のうちから腕の立つ者をもって組織されたとされる。

だが、実際には当初の計画がそうであっただけで、適任者の不足により、今井は旗本の長男、桂は京都奉行所の同心というように、旗本の次男、三男以外からも集められて組織されていたようだ。ただ、組織設立時の趣旨からも将軍直臣の旗本、御家人としての地位が上位の者のほうが階級（役職）も上だった。

見廻組は新選組に比べ、残された資料、生存者の証言が少なく、非常に当時の実情が掴みにくい組織である。

文久三年に組織されて京に上洛した「浪士組」は、浪人による将軍警護という趣旨から新選組同様に出身に捉われない体制があったようだ。後に新選組の母体になったことからも分かるように武士階級出身ではない人物が相当多く、武家の出ではない芹沢鴨が三番隊小頭を務め、その解任後にも取締役出役となっている。

浪士組から離脱した者たちで結成された新選組はさらに身分にとらわれない組織となり、多摩の農家出身の近藤勇が局長、薬売りの行商人をしていた土方歳三が副長を務めた。

一方、見廻組は武装警察としてだけでなく、幕臣による将軍の親衛隊の一面をもっていたため、身分的なものは隊士の階級に如実に反映したようだ。

見廻組の肝煎、肝煎並（介）、伍長、見廻組、見廻組並、見廻組御雇、見廻組並御雇といった階級が必ずしも隊士の働きによるものとは思われないからである。

高橋安次郎は京都見廻組発足の年である元治元年（一八六四）六月に取り立てられていながら、最終的な階級は伍長にすぎない。

これに対し渡辺篤は、高橋の入隊より三年後の慶應三年（一八六七）二月に二十五歳で京都見廻組に入隊し、御雇七人扶持の俸禄を受けた。八月、肝煎に昇進。二月の入隊からわずか半年で肝煎となっている。

今井にいたっては慶応三年五月に京都見廻組編入を命じられるが、実際に上洛したのは近江屋事件のわずか一か月前の十月上旬である。十月十四日には将軍徳川慶喜が大政奉還をしている。俸禄は七十俵六人扶持で、着任後すぐに見廻組与力頭（肝煎）を拝命したという。

この今井本人の証言によって、今井が見廻組隊務での働きよって肝煎に昇格したのではないことが分かる。

一方、近江屋事件実行犯の一人とされる渡辺吉太郎は神奈川奉行支配定番役を務め、高橋より一か月後の元治元年七月、京都見廻組に編入され、後に肝煎となる。

大政奉還直後の「慶應丁卯筆記」には京都見廻組肝煎として今井信郎、渡辺篤、渡辺吉太郎（吉三郎）の名前があることからも、この三名が実際に肝煎の役職であったのは間違いない。

桂早之助は慶應三年二月三日、京都見廻組に「見廻組並」として取り立てられる。この時四十表三人扶持だった家禄は七十表五人扶持に加増されたという。

これらの資料からすると、今井信郎、渡辺篤、桂早之助の三人は近江屋事件のわずか数か月前に見廻組隊士となったようだ。

一方、高橋安次郎、桂早之助の役職が伍長だったとしても、龍馬暗殺事件に関わった他の見廻組隊士よりも剣技で劣っていたということはないであろう。幕末における桂の剣技の高さ、剣士としての実績は褒賞記録、結城無二三の証言のように残されているものがある。

また、新選組の大石鍬次郎によれば、高橋の名は新選組幹部たちの間でも話されていたという。

今井信郎、渡辺篤、渡辺吉太郎は見廻組に登用される前に旗本、与力として既に出仕している。これに対し、桂早之助は御家人の身分としては最も低い同心であり、高橋安次郎は見廻組登用以前に幕臣として出仕した記録がない。

これらのことから見廻組における階級昇進は剣の実力や隊務実績より、見廻組の組織性から幕臣としての格、身分によるものが優先されたと考えられる。

清河八郎の暗殺

文久三年（一八六三）四月十三日、浪士組の発案者、清河八郎はのちの見廻組与頭・佐々木只三郎らによって殺害された。

この時、佐々木が清川に声をかけ、挨拶のために自分の編み笠の紐を解こうとしたので、清川もそれに応じて自分も編み笠の紐を解こうと両手が塞がったところを（清川は右手には鉄扇を持っていた）背後から斬ったのは高橋安次郎だったという説がある。

今井信郎の孫、今井幸彦氏は以下のように述べる。

「高橋安次郎も謎の人物で、鳥羽伏見の戦い以後行方不明とされていたようだ。しかし、中澤巠夫氏の説（『歴史読本』昭和四十二年新春特大号「江戸から来た刺客」）によると、彼（高橋安次郎）は文久三年（一八六三）四月、佐々木只三郎らとともに江戸赤羽橋で、剣豪と策士とで聞こえた清川八郎を斬殺した高久安次郎その人であり、のちに新政府に任官したとしている。高久なら講武所師範役で、剣名もつとに高い。」

（今井幸彦著『坂本龍馬を斬った男』）

中澤氏と幸彦氏が言うように高橋安次郎と高久安次郎が同一人物の可能性はあるのだろうか。

しかし、高久安次郎（のちに改名して半之助）は浪士組で佐々木只三郎と同格の取締役並出役を務めた後、京で見廻組与頭勤方、京都文武場頭取に就任した人物であり、高橋安次郎とは別人である。だがその事実よりも、ここで着眼すべきは、暗殺という任務を遂行する上で非情なまでの策を講じる佐々木の兵法（戦略）である。

清川が北辰一刀流免許皆伝として名を馳せた剣客ならば、佐々木も達人と称されるほどの遣い手であった。だが、佐々木のような旗本という高い身分の者が、暗殺の実行に自ら関与することは実は少ない。

清河と佐々木は浪士組では共に中心人物として上洛し、面識があった。かつての同志であり、佐々木ほどの地位、武名のある人間が礼をもって接したならば、さすがの清河も武士の作法として応じざるを得ない。その瞬間を狙った周到な策だったと考えられる。

誤解されがちだが、武士が一対一で正々堂々と闘うというのは「果し合い」の時であり、主君の命による「上意討ち」の任務の遂行のためならば、戦略として手段を選ばなくてよいという点があった。正式な一対一の「果し合い」には立会人が付き、果し合いをする者に卑怯な振る舞いがあった場合には、立会人により斬られても仕方がないと定められていた。

一方で「上意討ち」や「敵討ち」は江戸幕府、諸藩によって認められた合法的なものだが、複数で一人を討ち果たすことや、策略を用いて不意打ちをすることも許された。

武士が非常に用心深い一面を持つのは不意打ちに対処するためであり、たとえ理不尽な理由で襲撃されて不覚をとったとしても、それは不心得者として恥となった。

龍馬暗殺の際、佐々木が手練れの者を揃えながらも、より確実に成功させるための策を練ったのは、この行動則によるものだったのだろう。

龍馬暗殺を指揮した佐々木は桂早之介の由緒書から、暗殺実行前に手練れを揃えるための人選を行っていたと推測される。

そして、その手練れの中から佐々木が最終的に龍馬暗殺を命じる者としては、今井信郎、渡辺篤、桂早之助のように数か月前に見廻組に入隊した新参の者より、元治元年の見廻組創設以来の生え抜きの部下であった、高橋安次郎のほかにはいなかったのではないだろうか。

階級による刺客の選定

また、高橋安次郎が刺客に選ばれ理由として見廻組での階級が考えられる。

武士の行動則は武士道の概念のもとによって行われ、武士は自らの誇りを守ることを第一とした。武士道ではいかなる行動においても命がけで臨んだのであれば、例え失敗して死んだとしてもそれは恥とはされなかった。

池田屋事件で近藤勇が沖田総司と二人で多数の尊攘派浪士たちの部屋に斬り込んだのはこの武士道の概念による。多勢に無勢で討ち死にしたとしても、その命がけの行動は名誉ある死だったのだ。

「武士に二言なし」と言われたように、武士道では嘘をつくことは名誉を傷つける行為とされた。近江屋において任務のための戦略とはいえ、武士が虚言を用いた上で相手を不意打ちするという行為は望むべくことではなかったはずだ。

この点から考察してみれば、この戦略的で尚且つ失敗の許されない危険な任務は、腕が抜群に立ち、見廻組実行犯メンバーの中で最も階級（身分）が低かった者が選ばれた可能性が高い。その人物が高橋安次郎なのだ。

見廻組は新選組と違い、入隊前の幕臣としての身分が階級に如実に反映している。佐々木、今井の旗本という身分は将軍直参という面で大名と同格であった。渡辺吉太郎、桂早之介、渡辺篤ら御家人も直参であったが位は旗本よりはるかに下がる。だが、この三名は入隊前に既に幕臣として出仕している。

高橋安次郎の見廻組入隊時の階級が下から二番目の「見廻組御雇」であることから、高橋の入隊前の身分は御家人の部屋住みであり、士籍はなかったと思われる。

暗殺事件が頻発した幕末においてさえ、上士が刺客となった事例は少ない。幕末に「三大人斬り」と言われた土佐の岡田以蔵、薩摩の田中新兵衛、肥後の河上彦斎の三人も身分は低く、三人ともがその身分ゆえに、ほとんどの暗殺行為はそれぞれの上役の教唆によって行っていたと推察される。そして全員が非業の死を遂げている。

つまるところ、今も昔も暗殺という行為はより地位、身分、立場が低いものに命じられるものであり、武士にとって決して名誉ある行為ではなかったのだ。

この武士道の概念から考えれば、今井の明治三年の刑部省及び兵部省口書は真実を多分に含むものであったものかもしれない。

今井は口書で近江屋二階に乗り込んだ者として、高橋安次郎、渡辺吉太郎、桂早之介の名前を挙げている。この三人は旗本よりはるかに身分の低い御家人の家の出であった。

また、「上京して間もなかったので詳しいことは承知していなかった」「自分は一階で待機しており、助力しようとする者がいたら指図に応じて防ぐ手筈だった」と供述しているが、一か月前の上京が事実であるように、一階での待機もまた事実だったのではないだろうか。

近江屋は土佐藩邸と至近の距離にあり、龍馬殺害が首尾よくいかなければ土佐藩士たちが大挙して押し寄せてくる可能性があった。

待機していたとはいえ大政奉還後で奉行所の応援は頼めず、いくら剣の名手揃いでも、少人数の見廻組側は全員討ち死にすることもあり得る危険な任務だった。

龍馬暗殺実行犯の今井が見廻組隊士の戦死者の中から、偽りの実行犯メンバーを選んで供述したとする説がある。だが、取り調べ時の今井は投降したばかりの「武士」であり、その言動は武士道の概念のもとに行われる。

見廻組も京都守護の職務から新選組と同様に倒幕派から多分に恨みを買っていた。降伏した時点で近藤勇のように刑死も覚悟していただろうし、指揮をした佐々木、近江屋二階に乗り込んだという高橋、渡辺吉太郎、桂は戦死したとされていた。

彼らが既に幕臣として奮戦のうえに戦死を遂げ、かつて任務として剛勇と言われた龍馬を討ったことは名誉であるのでただ事実を述べればいい。老年となった晩年の言葉より、武士として潔く投降したあとの言葉のほうが、より信憑性が高いのではないだろうか。

高橋安次郎の心眼寺の過去帳の記載が間違っており、墓石も現存していないならば、高橋が戦死して心眼寺に葬られたという確証は何もない。

心眼寺で他の戦死者と混同されていたとすれば、『戊辰東軍戦死者霊名簿』と、のちの『戊辰東軍戦死者追悼碑建設趣意書』にも同様に記載されるからだ。

やはり高橋安次郎は生きており、今井は明治三年の取り調べでは事実を多く述べたのではないだろうか。

今井信郎の重要な証言

龍馬が暗殺された近江屋事件において、今も有力な実行犯の一人であるとされている今井信郎は重要な証言を残していた。

それは明治三十三年に刊行された『近畿評論』五月号の「坂本龍馬殺害者　今井信郎実歴談」に記載されている。

これは明治三十年頃、クリスチャンとなった今井がやはりクリスチャンになっていた旧知の結城無二三を訪ねた際、無二三の息子、礼一郎が無理に頼んで聞かせてもらった話だった。

「十一月十五日の晩、今夜はぜひというので、桑名藩の渡辺吉太郎というのと、京都の与力で桂迅（早）之助というのと、ほかにもう一人、つごう四人で出掛けました。―中略―」

このとき、記者はほかにもう一人というその一人は誰ですか、と問いしところ今井氏は、

「それはまだ生きておる人です。そしてその人が己の死ぬまでは決して己の名を言うてくれるなと、くれぐれも頼みましたから、いま申しあげることはできません」

と答え、しいて請えどもついに口を開かざりき。今尚ほ或る人の間に坂本を斬りたるもののなかに意外の人ありとの説伝へられ、或ひは其人は今某々の顕官に在りと云ふが如き風評の行はれつつあるは必竟此の辺の消息を洩らしたるにあらざるなきか。

今井氏にして語らず、其人にして語らずんば、維新歴史の此の重要なる事実は遂ひに其幾分を暗黒の裡に葬り去らざるべからず。惜しみても尚余りあることを云ふべし

（明治三十三年『近畿評論』五月号第十七号）

今井信郎は結城礼一郎の「ほかにもう一人という、その一人は誰ですか」という問いに対し、

「その一人はまだ生きている人です。その人が『自分が死ぬまで決して自分の名を明かさないでくれ』とくれぐれも頼んだから言うことはできません」

と、断っている。

今井は明治三年の刑部省、兵部省口書では高橋安次郎の名前を出しているが、近畿評論の記事ではその名が入っていない。

今井の証言は実行犯の名を既に戊辰戦争で戦死している者から選んでいる可能性がある。しかし、戊辰戦争で戦死したとされていた高橋の生存が後に分かったのでその名を秘匿したとも考えられる。

この時、礼一郎が、

「今なお、ある人の間では、坂本龍馬を斬った者の中に意外の人ありとの説が伝えられ、あるいはその人は今は政府の顕官になっているという風評が行われているのは、つまるところ、この辺りの消息を漏らしてしまったからだろうか。今井氏が語らず、その人が語らなければ、維新歴史のこの重要な事実は、ついにそのいく分かを暗黒のうちに葬り去らなければならない。惜しんでも尚余りあるというべきことだ」

と述べているように、明治三十三年の時点で、明治政府の顕官の中に龍馬を殺害した者がいると語られていたことが分かる。

龍馬暗殺実行犯の特定

「それはまだ生きておる人です。そしてその人が、己の死ぬまでは決して己の名を言うてくれるなと、くれぐれも頼みましたから」

今井が明治三十三年、結城礼一郎に述べたその人物とは誰だろうか？

ここに元新選組撃剣師範であった新井忠雄の肖像写真が収められている「明治十二年明治天皇御下命　人物写真帖」という本がある。

この本は明治十二年、明治天皇が群臣の肖像写真の蒐集を宮内卿に命じられたことに始まる。現存するこの写真帖の総冊数は三十九冊。皇族十五方、諸官省の高等官ら四千五百三十一名が収められている。

おそらく元新選組隊士で明治政府の高官となった人物は新井だけであり、尚且つ、明治以降の元新選組隊士の老年期ではない写真というのは貴重であろう。

明治三十三年の時点で、

「今なお、ある人の間では、坂本龍馬を斬った者の中に意外の人ありとの説が伝えられ、あるいはその人は今は政府の顕官になっているという風評が行われている」

というように「明治政府の顕官になっている坂本龍馬を斬った人物」が実在するならば、ここに真の龍馬暗殺実行犯の写真もあるはずなのだ。

元見廻組の今井信郎や渡辺篤、元新選組の新井忠雄のように薩摩閥との関わりが考えられるとするならば、その出仕先は旧幕臣を後押しした薩摩の海江田信義の勢力が大きかった司法省、そして幕臣出身者が比較的多い地方官の可能性が高い。また、幕臣であったのならば東京府士族であっただろう。

もっとも一八三五年生まれの新井忠雄が一八七九年の「人物写真帳」では四十六歳と記載されているので前後一〜三歳差の年齢表記があったかもしれないことを了解しておかねばならない。

三十代で「人物写真帖」に収められていて、経歴から明らかに違う人物は除いてみると九名の人物の名が窺える。

龍馬を斬った人間が戊辰戦争で生き残り、明治政府の高官となっていたとすれば、それは誰なのか？

もし、高橋安次郎が生存していたとすれば誰がその人物なのか？

幕臣・相原安次郎

例えば旧幕臣ながら明治政府の高官になった相原安次郎という人物がいる。この相原安次郎は非常に興味深い人物である。

「明治十二年明治天皇御下命　人物写真帖」においては東京府芝区区長、正七位、三十九歳と記載されている。若い頃は無頼で博徒の用心棒だったともいわれる。

万延元年（一八六〇）、幕臣にも攘夷思想が広まる中、幕府上層部の開港政策に反対し、攘夷思想の奮起を促すために「攘夷十七人組」が結成された。相原安次郎はその一人に名前を連ねる。

その十七名は山岡鉄舟、中条金之助（景昭）、松岡万、落合正中、関口隆吉、大草高重、柳原釆女、井上可善、森川金五郎、遠山和三郎、山本柳之助、芝忠福、落合友之助、久保栄太郎、内藤酒之助、成瀬三五郎、相原安次郎である。

そして文久三年（一八六三）、将軍・徳川家茂上洛による将軍警固のために「浪士組」が組織されると攘夷十七人組はその中心となった。山岡鉄舟、中条金之助（講武所剣術教授方、のちに新徴組支配役）、松岡万（のちに精鋭隊隊長）は取締役に任命され、取締役並出役をのちに見廻組与頭となった佐々木只三郎が務めている。

しかし、浪士組は発案者・清川八郎による尊王攘夷組織化への画策の失敗により江戸帰還を命じられ、江戸市中取締役の庄内藩預かりとして「新徴組」となり、江戸の警備にあたった。

慶應四年（明治元年／一八六八）一月三日、鳥羽伏見において戊辰戦争が勃発すると相原安次郎は山岡、中条、松岡などと共に朝敵とされた前将軍・徳川慶喜救解に尽力することになる。

恭順を表明した慶喜は同年二月十二日に寛永寺で謹慎し、四月十五日、水戸にて蟄居する。

相原安次郎（三の丸尚蔵館蔵）

慶喜の周辺警固を行ったのは新徴組から名称を変更した精鋭隊、そして鳥羽伏見の戦いの後に京から江戸に東帰した遊撃隊、見廻組であった。

七月に慶喜が駿府に移って謹慎すると、相原もまた多くの旧幕臣同様に駿府に移住して駿府藩（静岡藩）藩士となった。

その後、相原は牧之原開拓士族となり、山岡、中条、松岡と共に活動。のちに静岡県第四代警部長（県警本部長）となっている。

明治初期の警察官は士族以外からは採用されなかったことからも、静岡県警本部長として長く静岡県警のトップであった相原が、静岡における旧幕臣士族の中心人物の一人であったのは間違いないであろう。

明治三年（一八七〇）十一月に太政官より各藩に海外視察員選抜の内命が下ると相原安次郎は静岡藩庁から指名される。

明治四年（一八七一）四月八日に出国するとサンフランシスコ、ニューヨーク、イギリスのリバプールに赴き、明治四年（一八七一）十二月二十五日に帰国した。

日本初のドイツ語専門学校である　獨協学園卒業生名簿には相原の名前がある。

統一国家となったばかりの日本から、旧幕臣でありながら海外視察員に選抜されたことからも、武だけでなく文にも秀でた存在だったのだろう。

相原はその後、明治十一年（一八七八）十一月、東京で初代芝区区長に任命される。

慶喜を警護した縁からか茨城県令（現在の茨城県知事）となっていた人見勝太郎に招かれ、茨城の地で明治十四年（一八八一）茨城県少書記官を務め、さらに茨城県大書記官となる。

相原を茨城に招いた人見勝太郎は、二条城詰め鉄砲奉行組同心、及び京都文武場文学教授・人見勝之丞の息子であり、戊辰戦争では遊撃隊隊長として最後の箱館戦争まで戦い抜いた人物である。

京都文武場は見廻組の渡辺篤と桂早之助が「剣術世話心得」として指導にあたった場所であり、人見の剣術の師は渡辺、桂と同じ西岡是心流の大野応之助であった。三人とも同心の家の京都生まれ、剣術の師も同じことから当然面識はあっただろう。

桂は鳥羽伏見の戦いで戦死しているため江戸に行くことはできなかったが、共に鳥羽伏見で戦い、旧幕臣として前将軍の警護にあたった見廻組と遊撃隊の隊士たちの絆が強固であったであろうことは想像に難くない。

静岡では明治十九年（一八八六）～二十三年（一八九〇）、同年（一八九〇）～明治三十一年（一八九八）まで長きに亘り県警本部長（警部長）を務め、退職後は静岡県書記官となる。（『静岡県警察史』静岡県警察本部　静岡県警察史編さん委員会編）

相原は明治維新後、江戸（東京）から駿府、東京、茨城、静岡と移住し、その役職も東京での初代芝区区長から静岡での県警本部長、茨城での大書記官と次々と変わり、職務も地方官、司法省官僚、警察官と全く分野が異なっている。

また、相原は文久三年（一八六三）二月の浪士組結成以後から慶應四年（一八六八）に東帰して慶喜の警護にあたるまでの記録がない。

浪士組の中心となった攘夷十七人組の一人だった相原だが、山岡、中條、松岡が浪士組で幹部を務めているのに対して、浪士組名簿に相原安次郎の名前はない。

「酒田県下旧新徴組取扱金処分方伺」には元治元年（一八六四）に新徴組が庄内藩預かりとなってからの、おそらく全隊士が記載されていると思われる。総人員は二百十二名。しかし、そこにも相原安次郎の名前はないのだ。

明治政府の高官であったにも関わらず獨協学園卒業生名簿や静岡県警歴代本部長名簿において、生年、没年が無記載なのは相原だけである。

ここに一つの仮説を立てることはできる。

講武所は江戸幕府により作られた武術教練所だが、旗本、御家人の幕臣だけでなく、その子弟の入所も認めていた。

ある部屋住みの手練れの若者が入所し、同じく入所していた山岡鉄舟（のちに講武所世話役）、教授方であった中条金之助、師範役を務めていたという佐々木只三郎らと知り合う。そして、のちに山岡、中条らと攘夷十七人組を結成する。

浪士組において十七人組はその中心となって京に向かうが、その若者は浪士組には参加しない。

浪士組は設立当初から波乱含みのものであり、過激な尊王攘夷主義者、子分を引き連れた博徒、腕自慢の単なる持参金目当てなど、多種多様な者たちが参加しており、京への道中でも度々揉め事を起こしている。

欧米諸国との外交に差し障りのある尊攘主義者たちを、江戸から一時的に追い払う目的だったという説さえある。浪士組は京に着くも、直ちに江戸への帰還を命じられることになる。

浪士組で幹部を務めた佐々木只三郎は江戸に帰還し、清河八郎暗殺の任務を遂げた後、京都見廻組創設によって頭取兼与頭を拝命する。その際、若者の腕を見込み、見廻組に推挙する。若者は見廻組加入を命じられて京に赴任し、佐々木の部下となる。

慶應三年十一月十五日、若者は佐々木の命により近江屋で龍馬を暗殺する。

その後、鳥羽伏見の戦いで戦死したと思われていたが、新選組の池田小三郎同様に生き延び、江戸に帰還。帰還後は変名した上で、謹慎した徳川慶喜の警護にあたり、旧知の山岡、中条と共に行動し、静岡藩士族の中心人物の一人となる。

そして明治政府に出仕し、のちに政府高官となるも、終生、龍馬暗殺について語ることはなかった。

東京大田区にある龍馬の師、勝海舟の墓石の傍らには、勝が亡くなった直後の明治三十二年（一八九九）六月、勝を慕う者たちによって奉納されたという手水石がある。

手水石の背面に残る五十余名の奉納者の中には、榎本武揚、加納治五郎らと共に相原安次郎の名が刻まれている。

坂本龍馬暗殺はミステリーなのか？

坂本龍馬が殺害された時期を振り返れば、慶應三年十一月はまだ明治の元号すら始まっていない大政奉還直後で、警察権自体がまだ旧幕府側から新政府側に移行する前であった。

薩長同盟により倒幕が現実化され、その立役者が龍馬と中岡の二人であり、それが歴史的偉業であったことは日本史を知る現代の我々にとって分かることである。

当時は、当然ながらテレビ、ラジオ、インターネット等もなく情報伝達は現代と比較にならないほど遅く、かつ伝聞が中心のため、その情報内容は不完全なものであった。

近江屋事件の真相を混乱させているのは、証言者たちの偽証、当時の伝聞による不完全な情報、組織的な画策のためにほかならない。

慶應三年の時点で、龍馬、中岡の名声が薩摩藩、長州藩の中心人物であった西郷隆盛、桂小五郎以上に幕府方に轟いていたことはなかっただろう。

実は討幕の密勅を無効化して徳川家を救済すると共に、のちに徳川慶喜を盟主とする新政権樹立のための策でもあった大政奉還の推進によって、龍馬の名は大久保一翁、永井尚志らの幕府上層部の一部には知られていた。だが今井信郎の証言にあるように、今井のような幕府直参の旗本にでさえ、当時の龍馬は「伏見奉行所同心二名を射殺した不審者」「幕府のためにも、朝廷のためにもならない京を騒がせる悪漢」としか認識されていなかったのだ。龍馬の名が日本中に知れ渡るのは大正時代以降になってからである。

当時において見廻組が幕府警察機構の組織の一つであったことから、今井や見廻組の隊士たちにすれば「暗殺」ではなく任務を遂行したにすぎなかったのだろう。

与頭の佐々木只三郎も幕府上役から命令を受け、それを隊士に実行させたにすぎない。ただ、それが捕縛より殺害という実力行使に及んだのは、見廻組が新選組と同様に武装警察としての性質を持つ面からすれば特に不思議ではなかった。

今井信郎の無罪放免にしても、そこに大きな謎はないように思える。

榎本武揚は幕臣としての誇りゆえにしろ、王政復古の大号令に反し、幕府の軍艦を接取して独立政府を打ち立てた。これにより戊辰戦争を長引かせ、東軍、西軍の日本国民に多くの死傷者を出し、優秀な人材と莫大な国費を損失させた。

当時は欧米列強諸国からの圧力が強く、国家として危機的状況であった。この行為に比べれば、上役の命に従い、職務を全うしたに過ぎない今井の罪はいかほどのことだろうか。

その榎本や元箱館政府の重鎮、大鳥圭介がほぼ無罪で釈放されて新政府の重職についていることからも、今井や見廻組の罪が深く問われることはなかったのではないだろうか。

明治元年四月二十五日の近藤勇の処刑は戊辰戦争の真最中であり、司法権、裁判権も確立されていない状況であった。

慶應四年（明治元年／一八六八）一月二十五日の刑法事務局による暗殺禁止令で、同日以前の暗殺を含む公務については不問とされたにも関わらず、斬首のうえに梟首という極刑に処された。

この処刑は新選組を龍馬殺害犯と信じる土佐藩側や、盟主・伊東甲子太郎を新選組に殺された旧御陵衛士の私怨を多分に含むものだった。

明治三年に戊辰戦争は終結したが欧米列強諸国からの圧力もあり、一刻も早く国を近代化して富国強兵を進めねば、清のよう植民地化される危険があった。

明治期の日本は高度な教育を受けた人材面では、士族を中心に頼らざるを得ず、基礎教育が全国に普及するのは、もっと時を経ねばならなかった。また、身分差については依然強く残っており、例えば軍人、警察官になれるのは明治初期では基本的に士族に限られていた。

その点では明治政府は漕ぎ出したばかりの船の中で、旧佐幕派と旧倒幕派の呉越同舟であった。数年前まで朝敵とされ、征伐の対象であった長州藩の人間が新国家の一翼であり、幕末時の恩讐を越えて前に進まねば国家存亡の危機的状況であったのだ。

そんな時制の中で龍馬殺害の罪を深く調べ、問い質す意義があっただろうか。

それならば、幕末時に倒れていった多くの武士たちの殺害を命じた者、実行した者の罪を問わねばならなくなる。宮内省編「殉離録稿」中に収録、顕彰されている者だけでも二千四百八十余人にものぼっているのだ。

薩長藩閥政府や旧幕府側にも暗殺に関わった者は多くいただろう。暗殺史年表による件数は百件以上、記録に残されていない暗殺を入れればその数倍の件数になるはずだ。

佐久間象山、広沢真臣の暗殺事件のように未解決、裁かれていない事件も多い。広沢真臣の暗殺は異例の明治天皇の勅命をもってしても、今なお未解決である。

龍馬殺害は長く新選組が犯人と言われ、谷干城は死ぬまで信じていたが、新選組最後の隊長であり、今井同様、龍馬殺害について明治政府から取り調べを受けた相馬主計もまた、長い刑期を科せられることなく赦免されている。今井だけが特別だったわけではないのだ。

龍馬のように新しい日本のために身命を賭して奔走した人物のためにも、事件を新説という名のもとに陰謀や黒幕説で謎めいたものにするべきではないと思える。

では龍馬を殺害した人物とは誰だろうか?

これまで述べてきたことから坂本龍馬暗殺犯を特定することは可能かもしれない。だが、その人物は死に際しても最後まで名乗ることはなかった。

今井、渡辺、桂らの見廻組隊士が子孫に伝え遺そうとしたのも武士としての矜持なら、最後まで黙して語らず死んでいったその姿もまた、武士としての矜持であったのだろう。それゆえにその霊に敬意を表し、あえてその人物の名を追求せずにいることがよいのではないだろうか。

　確かに、龍馬や多くの武士たちの功積により江戸幕府は倒れ、維新は成り、統一国家となった新しい日本は歩み始めた。だが、それは武士の時代の終焉でもあったのだ。

第四章　武士道と武士の心得

武士道とは何か

武士道とは武士が生きていくうえで守るべきものとして要求され、あるいは教育をうける、道徳的な教えを定めた規律である。

そして武士道と武士の心得は密接なつながりがあった。なぜなら武士の行動は根本的に常に武士道の概念のもとに行われたからだ。

また現実面としては、武士道の精神性を貫くには武士の心得を修めていなければ、結果的に不覚をとることにつながり、不心得者として武士の名誉を失いかねなかった。ゆえに武士道と武士の心得は、武士として生きていく上で、精神性と実践性の両輪を成すものと言える。

『武士道』の著者新渡戸稲造はドイツ留学中、著名なベルギーの法学者との会談で、宗教教育のない日本において、どのように子孫に道徳教育を授けるのかと疑問を呈される。

そして新渡戸は自身が幼い頃から善悪の観念を学んだ宗教以外のものとは、武士道であったことに気づかされる。

武士道とは武士のために成文化された規則集のような書があるわけではない。新渡戸稲造の説く武士道は新渡戸が育ち、教えを受けた南部藩の武士道を新渡戸が解釈したものである。ただし武士道の教えは藩（国）によって大きな差があるものではなく、長く伝えられてきた武士道の内容はどの藩でも普遍的なものであった。

『武士道』は日本が欧米諸国から文明未発達の国として捉えられ、理解の外にあった時代、異国の地から新渡戸の母国への揺るぎない想いによって、世界に向けて書き綴られた書である。

そこに第三者の言葉が混在するのは不粋でしかない。また、さらに多くの人の目に触れてほしい言葉の結晶であるので、新渡戸の言葉のままに記していきたい。

新渡戸は武士道を義・勇・仁・礼・名誉・忠義・品性等から以下のように述べる。

武士道は一人の人間が決めた思想ではなく、武士社会の成長と共に口伝えされていった格言のようなもので、武士だけでなく、広く庶民に浸透し、やがて「大和魂」――すなわち日本人の魂となった。

それは時に語られず、書かれることもない作法であるが、武士の実際の行動にあたっては強力な拘束力を持ち、人々の心に刻み込まれた掟である。

武士の時代の終焉と共に、武士道を育てた社会的条件も消えるが、真の武士――サムライは日本民族全体の「美しき理想」として残り続けた。

江戸時代、武家の家でなくとも、農・工・商のそれぞれの世界で、義経と弁慶、平家と源氏、桃太郎、忠臣蔵のように、物語、読本、講釈、浄瑠璃などで、子どもから大人までもが、武士の勇猛な心とその徳を愛する心に熱心に耳を傾けた。

「花は桜、人は武士」。日本人は桜を愛するように武士道を愛した。日本の知性と道徳は直接的にも間接的にも武士道の所産であった。

「義」――「義」とは人間としての正しい道、すなわち正義を指すものであり、武士道の中心となる良心の掟である。

打算や損得を離れ、自分が正しいと信じる道を貫くことが武士の正しい姿とされ、武士道のもっとも厳格な徳目であった。

「勇」――「義」を貫くための勇気のことである。勇気は平静さに裏打ちされたもので、まことに勇気ある人は、常に落ち着いていて、何事においても心の平静さをかき乱されることはない。

孔子は論語の中で言う「義を見てせざるは勇なきなり」と。

勇気とは正しいことを実行することである。武士道において勇気とは「生命を賭して死地に臨むこと」であるが、決して命を軽んじることではなかった。

死に値しないことのために死ぬこと、わざと危険を冒し討ち死にすることは「犬死」とされた。これを匹夫《ひっぷ》の勇という。

この「大儀の勇」と「匹夫の勇」の区別は全ての武士が幼少から学ぶものであった。

生きるべきときに生き、死ぬべき時に死ぬということが大事とされた。武士にとって犬死はつまらない行為だが、自分が間違いと思う行為に対しては、ためらうことなく命をかけて戦わなければならなかった。

「勇」を貫くためには肉体的強さが不可欠である。「義」の精神をいくら学んでも実際に実行する戦う力がなく、実行できなければ意味がない。

武士は精神修行と共に肉体を鍛え、剣術、体術などの武術の鍛錬を怠らなかった。武士は文と武の両立、文武両道を追求していた。

そして勇気が高みに達するとき、それは「仁」に近づく。

「仁」――すなわち、思いやり、慈愛、優しさである。武士の慈悲は盲目的な衝動によるものではなく、正義に対する適切な配慮であった。

他者の苦しみに対する思いやりの気持ちを育て、他者の感情を尊重することから生まれる謙虚さ、慇懃さが「礼」の根源となる。

「礼」――「礼儀」とは慈愛と謙遜という動機から生じ、他人の感情に対する優しい気持ちによってものごとを行うことである。

「礼」の必要条件とは、悲しんでいる人と共に悲しみ、喜びにある人と共に喜ぶことである。礼の作法も真実性と「誠意」がなくては見せかけにすぎない。

「誠意」――すなわち「誠」である。「武士に二言はない」という言葉は、武士道の徳目の一つ「誠」から生まれた。誠とは文字どおり、「言ったことを成す」ことである。

このように「武士の一言」は断言したことが真実であることを十分に保証するものであり、武士の言葉は重みをもっているとされた。
武士の世界では嘘、ごまかしは臆病と見なされ、本人の「名誉」を汚すものとされた。

「名誉」――武士階級において義務と特権を重んずるように、名誉とは幼時の頃から教え込まれるサムライの特色をなすものであった。武士の子供たちは幼少の頃から羞恥心を知ることを教育においてまず始めに行われた。

過ちをおかすと「人に笑われるぞ」「体面を汚すなよ」「恥ずかしくないのか」などの言葉をかけられ、少年の振舞いを正す切り札であった。この恥を知り、名誉に訴えかける方法は子供の心の琴線に触れた。

武士道における名誉は人としての美学を追求するための基本の徳であった。武士が名誉を重んじる一方、些細な挑発に腹を立てることは短気として嘲笑された。

武人の究極の理想は平和であった。「戦わずして勝つ」という、後に禍根を残さない血を見ない勝利こそ最善の勝利とした。

取るに足らない侮辱に腹を立てることは優れた人物にふさわしくないが、大義のための義憤は正当な怒りであるとされた。

武士道における名誉とは自分に恥じない高潔な生き方を貫くことだった。その名誉が生命より大切とする根拠が示されれば、生命は心静かに、かつその場で棄てられた。その一つが「忠義」である。

「忠義」――忠義は武士が目指すべき究極の目標であった。主君への忠義を守ることによって名誉を得ることが、武士の到達点であった。

だが、武士は主君の奴隷ではなかった。武士にとって忠義とは強制ではなく、自己実現のあり方だったのである。

武士はあくまでも己の正義に値するものに対して忠義を誓ったのだ。

主君に非があり、主君と意見が分かれる時は、武士は己の命をもって誠を示し、その主君に対して最後の訴えをした。その姿は名誉あるべきものとされたのである。

「品性」――武士の訓育にあたって第一に必要とされたのはその品性を高めることであった。

武士は本来、行動の人であり、学問はサムライの行動原理の外にあった。その中で儒学はその品性を確立するための補助手段として追求されたのである。

「知性」――武士が文と武の両立を追求する中で、知能が優秀であることはもちろん重んじられたが、武士道における知性とは第一に叡智、すなわち深く物事を見通す「智恵」を意味し、知識、雄弁は第二義的なものとされた。

武士道の訓育においては、その教科とされるものは主として剣術・柔術（体術）・弓術・槍術・馬術・書道・文学・歴史・道徳によって構成された。

そして、これらの武士道の徳目を学ぶ上で、

「私を生んだのは父母である。私を人たらしめるのは教師である」

という考えのように、武士道の訓育における教師の受けた尊厳は極めて高かった。

彼らは逆境に屈することのない高貴な精神の威厳ある権化であった。

彼らはまた学問が目指すところの体現者であり、鍛錬に鍛錬を重ねる自制心の生きた手本であった。

そしてその自制心はサムライにあまねく必要とされるものであった。

長州藩藩士・吉田稔麿の生涯に見る武士道

吉田稔麿《としまろ》は吉田松陰の門人で、高杉晋作、久坂玄瑞、入江九一《くいち》らと松陰門下四天王と称された俊英だった。

元治元年（一八六四）六月五日の「池田屋事件」の際、稔麿も池田屋での会議に出席していた。

この日、稔麿は何か予感があったのだろうか。池田屋に向かう前、稔麿は長州藩邸で元結（髪の根を束ねる紐）を結んでいたが、何度結んでも元結が切れてしまい、次のような歌を詠んだという。

結びても　また結びても　黒髪の　乱れそめにし　世をいかにせむ

この歌は図らずも稔麿の辞世の句となる。

そして、平素肌身離さず持っている藩主から拝領した三所物（刀の小柄・目貫・笄）を長州藩京都留守居役・乃美織江《のみおりえ》に託した。

稔麿が今夜は藩邸に帰らないかもしれないと乃美に伝えると、乃美も何かを感じたのだろう、必ず藩邸に戻るようにと強く諭したという。

新選組が池田屋に斬り込んだ時、稔麿は新選組隊士・安藤早太郎を斬り伏せると階下に飛び降り、隣家の庭で監視をしていた桑名藩士・本間某を斬り、同・黒川某に重傷を負わせ、路上の多数の会津兵の中を斬り抜け、長州藩邸に戻った。

稔麿は池田屋の次第を伝えて援軍を頼むと、愛用の手槍をつかむや再び池田屋へ向かった。

しかし、池田屋に向かう途中、加賀藩邸前で新選組と会津藩兵多数に遭遇し、壮絶な戦いの末、討ち死にした。

翌朝、路傍には稔麿の遺骸と槍が残されていたという。

吉田稔麿は萩藩松本村新道に軽卒といわれる十三組中間（大組中間）の吉田清内の嫡子として天保十二年（一八四一）一月二十四日に生まれた。

稔麿の生家は吉田松陰の生家の近所にあり、稔麿は無駄口を利かず、眼光鋭い少年であったという。

武術は宝蔵院流の槍術と柳生新陰流の剣術を修める。

松陰が禁固を命ぜられて実家に戻っていた時に松下村塾に入門し、松陰の下で学んだ。

松陰は稔麿への手紙の中で「足下の質は非常なり。足下の才も非常なり」と述べている。稔麿がまだ十九歳の時であった。

万延元年（一八六〇）十月、長州藩を脱藩。江戸に向かい、幕府目付、旗本・妻木多宮の家に御納戸役兼中小姓として勤務した。当主、妻木の絶大な信頼を得て、弱冠二十二歳ながらのちに用人（武士の家の執事）となる。

妻木家に仕える際、変名で松里久輔を用いていたが妻木から「勇」の一字をもらい松里勇と名乗ることになる。妻木の名代として各地を巡回して知行地（旗本御家人に与えられた土地）に出張し、代官（旗本の知行地を治めた幕臣）・と村役人、農民たちの紛争を収めている。

当時、士籍すらなかった稔麿が、将軍直臣である旗本の名代として、幕府の役人である代官と領民の紛争を収めるのは考えてみれば不思議な話だが、器の大きさと能力の高さを感じさせる。

稔麿が脱藩して幕臣の中に身を投じたのは、幕閣に近づき幕臣たちの思想を尊王攘夷論にせしめ、内部からの幕政改革をしようとしたためであった。このことを伊藤博文への手紙に記している。この半ば公然の脱藩から目付の家臣としての奉職は、幕府の内情を探るための藩の密命もあったと考えられている。

文久二年（一八六二）、稔麿に全幅の信頼を寄せる妻木は、幕臣への取り立てを申し出るが、これを辞退。妻木家を去る際には、自らの出自と本来の目的を打ち明けたという。しかし妻木はこれを咎めず、のちに幕府に建白書を提出し、長州藩と幕府の融和に協力している。

この時期の稔麿は素性を隠して幕府方に潜入する、いわば秘密工作員ともいうべき存在だった。その素性が明らかになったならば、家臣の身として主の妻木から無礼打ちにされるか、罪人として奉行所に引き渡されても致し方ない立場だった。よほど、妻木は稔麿の人柄と才覚を認めていたのだろう。
ちなみに江戸幕府における「目付」の職とは旗本、御家人の監視だけでなく、諸役人の政務全般を監察した。一部の犯罪については裁判権も持っており、有能な人物が任命され、後に遠国奉行、町奉行を経て勘定奉行などに昇進するものが多かった。

定員はわずか十名。老中が政策を実行する際も目付の同意が無ければ実行できず、将軍や老中に不同意の理由を述べることができた。

また、親兄弟、親類縁者であろうと容赦なく処断することから「旗本の中の旗本」と言われた。

妻木は翌年、脱藩を許された稔麿の東上（京から江戸に上ること）を江戸長州藩邸留守居役・小幡彦七に申し込んでおり、のちに老中・板倉周防守に稔麿を仲介している。

一長州藩士にすぎない稔麿が、幕府の最高執政官である老中と会談し、長幕融和の調停に尽力したのだった。

文久三年（一八六三）七月、藩に提出した自らの意見書が採用され、藩命により屠勇隊《とゆうたい》を創設し、総督となる。

屠勇隊は被差別部落民を登用した部隊で、身分にとらわれない軍隊である奇兵隊の中でも異色の存在だった。当時の厳格な身分制度、社会通念からすれば驚くべきことで、のちに長州藩が他藩に先駆けて差別撤廃政策を導入する原点となったといわれている。

松陰門下四天王の中で、高杉、久坂は士分だが稔麿は足軽の出身であった。長州藩において足軽は広義では藩士に含まれるが、厳密にいえば家中ではなく、士分と足軽では厳しい身分差があった。

稔麿の発案は、当時の身分制度を覆そうとする意志を込めた試みの一つであったように思える。

八月、奇兵隊が馬関に来た幕府軍艦・朝陽丸を砲撃した「朝陽丸事件」では、朝陽丸に乗り込み、説得に成功した。この時は烏帽子、直垂姿で艦に乗り込み、忠臣蔵四十七士に例えて忠君の道を論じ、並み居る者を煙に巻いてしまったという。

長州藩の国難とも言うべきこの事件を解決に導いた時、稔麿はまだ二十三歳にすぎなかった。

これらのことからも、若年ながら優れた能力を持つだけでなく、胆力を併せ持った魅力的な人物だったのだろう。

元治元年（一八六四）六月五日の池田屋事件で闘死。享年二十四歳。明治二十四年（一八九一）、従四位を追贈。

池田屋に出動した新選組局長・近藤勇の日記には稔麿について次のように書かれている。

「長州の士、吉田稔麿なるものあり。その死、最も天晴れ。後世学ぶべきものなり」

多くの幕兵に囲まれた池田屋から脱出しながら、藩邸に報告した後に同志が戦う死地に再び向かい、奮戦の末に死したその姿に敵味方なく感嘆したのだろう。

後年、山口県史談会の得富太郎が、吉田松陰門下の品川弥二郎（宮中顧問官・内務大臣・子爵）に、

「松陰先生の門下で誰が傑出していたか」

と問うと、言下に、

「吉田稔麿だ。生きていたら据え置きの総理大臣だろう」

と語ったという。

また、中原邦平（明治大正期の修史家）が、元勲となった伊藤博文に松下村塾で同門だった稔麿のことを、博文と比べてどうかを尋ねると、

「どうして比べることができようか、全く天下の奇才であった」

と答え、恐れ多いという態度を示した。

松下村塾の同門であり、のちに元帥陸軍大将となった山県有朋が、自分は稔麿に比べてどの程度劣っているかと高杉晋作に尋ねたことがある。晋作は笑って、

「吉田が座敷にいるとすれば、お前は玄関番ですらない。味噌も糞も一緒にする（価値のあるものとないものとの区別がない）とはこのことだ」

と答えたという。

品川のように松陰門下随一の存在として、稔麿のことを高杉晋作、久坂玄瑞以上に評価していた者もいたことが窺える。龍馬と違い、没後、名声が轟くことはなかったが、その生涯を見るに、これほ

吉田稔麿誕生地の碑

どの草莽の志士が他にも実在したことに驚きを感じる。

真っ暗な路上に飛び出し、長州藩邸から池田屋に駆け戻る稔麿の胸に去来するものは何だったのだろう。

稔麿は明治維新の立役者たちがその才能を称賛した人物であり、単なる血気盛んな若者ではなかった。その叡智は吉田松陰や高杉晋作をはじめとした周囲に深く認められていた。

また、一方では父母のために一時松陰門下を離れたほどの家族想いの人物であった。だが、松陰が罪人として江戸に送られる時は、罪を受ける覚悟のうえで師に会いに行き、別れを告げたという。

稔麿は松下村塾の優れた門人たちの中で、最も松陰からの信愛を受けた人物と言われ、松陰の手紙からは稔麿を後継者と望んでいたことが窺える。

池田屋に戻れば死は免れないという状況の中、ただ、ひたすら京の街を疾走した稔麿の姿に、小利口で計算高い、ただ頭のいい人物の姿はない。そこには「いかにして志のために生きるか」という武士道と、彼の生き様を見ることができる。

わずか二十四年の稔麿の生涯に、武士道の義と勇、仁と礼が現れているように感じられる。

稔麿の死は決して無駄死にではなかった。池田屋事件は倒幕派の大きな原動力となり、この事件のわずか三年後、大政奉還により江戸幕府は終焉する。そして日本は統一国家としての新たな道を歩みだすことになる。

武士道の伝達――稔麿の師・吉田松陰、松蔭の師・玉木文之進

稔麿の師、吉田松陰は、

「死して不朽の見込みあらばいつでも死ぬべし
生きて大業の見込みあらばいつでも生くべし」

死んで名が残る見込みがあれば、いつ死んでもいい
生きて大事業をなす見込みがあれば、いつまでも生きればいいのである

という言葉を遺した。

松陰は自らの言葉を具現化した、まさに武士道の言うところの、「逆境に屈することのない高貴な精神の威厳ある権化であり、学問が目指すところの体現者」であった。そして「清貧の中で武士道を通しての教育者であり、自制心の生きた手本」だった。

松陰が松下村塾で指導にあたったのは、安政四年（一八五七）から安政六年（一八五九）に松陰が投獄されるまでの三年足らずにすぎない。

だがその短期間の間に、高杉晋作、久坂玄瑞、吉田稔麿、伊藤博文、山県有朋といった明治維新への道を切り開いた優秀な人材を育てあげたことからも、その影響力の大きさを窺い知ることができる。

安政六年、松蔭はわずか二十九歳で己の信念のままに刑場の露と消えたが、その志は門下生たちによって受け継がれていくこととなる。

吉田松陰の墓は山口県萩市の護国山団子岩に建っている。

墓前の水盤や花立は松陰刑死の翌年、高杉晋作、久坂玄瑞、前原一誠の門人らが変名の名前入りで寄進したもので、高杉は高杉春風、久坂は久坂誠、前原は佐世一誠と刻まれている。

松陰は老中暗殺を計画した重罪により幕府から処罰されており、その松陰と関わりを持つことは長州藩内において非常に憚られ、罪を受ける危険も多分にあった。その状況の中、門人たちが例え変名を用いても名前を刻んでの寄進を望んだことは、「家」の存続を第一の使命とする武士としては稀有な行動であった。それだけ松陰が門人たちから深く慕われていたのだろう。

そして、松陰の師である玉木文之進もまた、松陰とは違うタイプの激情的な個性ながら優れた教育者であった。

桂小五郎（木戸孝允）や乃木希典（長州藩士・陸軍大将・伯爵）も文之進から教えを受けた生徒のひとりである。のちに明治政府の最高執政官である参議となった桂小五郎だが、文之進には頭が上がらなかったという。

長州藩士時代、各地の代官職を歴任して名代官と言われた文之進は、優れた政治家であった。

安政六年の松陰刑死により、親族であり師でもあった文之進は藩政から離れることになるが後に藩政に復帰。だが、維新間もない明治二年（一八六九）には政界から退隠し、再び松下村塾を開いて子弟の教育に務めた。

薩長藩閥政府の時代に旧長州藩士が次々と栄達を遂げる中、政治家を引退しての松下村塾の再興には文之進の教育者としての熱意が見えるようだ。

しかし、明治九年（一八七六）、前原一誠による萩の乱に教え子たちが多く加わっていたため、自責の念から十一月六日に先祖の墓の前で切腹する。享年六十七歳。

明治維新から既に九年が経っていた。明治九年は秩禄処分、廃刀令と、士族が武士の特権を次々に失い、不満が最も高まっていた時期だった。討幕に尽力した者たちを中心とする、新政府の政策への不満からの反乱は、文之進に責任はなかっただろう。

松陰は松下村塾での指導において決して声を荒げることはなかったというが、文之進の教え方は大層厳しかったと伝えられている。だが後年、かつての教え子たちが集まり、師・文之進の思い出話になると、教え子たちの誰もが涙を流したという。

文之進から松陰、そして松陰から稔麿へと武士道の教えは脈々と伝えられたのだろう。

団子岩の墓所には松陰の墓だけでなく、師、玉木文之進、松陰の愛弟子たち、吉田稔麿、高杉晋作、久坂玄瑞の墓も建っている。美しい萩の景色を一望できるその場所は、春になると満開の桜に覆われる。毎年春になれば、師弟が揃って故郷の街と桜を眺めながら一献酌み交わしていることだろう。

武士文化の価値の変遷

江戸時代から明治維新まで約二百五十年に亘り、武士は士農工商という身分の頂点に立つ存在として文化的な面でも索引者であった。

しかし、明治維新以降の欧化政策により武士文化は大きく失墜した。明治初期には急速な欧米化が進み、それは武士の魂と言われた刀にも及んだ。

明治陸軍においてフェンシングで使用されるような片手で持つ西洋式サーベル軍装が採用されると、多くは武士階級の出身者であった軍人、警察官たちは佩刀の刀の身幅を細く研磨し、サーベルに仕込む他なかった。

だが、片手握りのサーベルでは日本剣術の操法に適さないため、日本の近代化が進むにつれて、軍装も欧米への憧れから脱却していく。両手持ちのサーベル拵えを経て、日本伝統の太刀拵えを取り入れた軍刀拵えへと変更されたのだ。

武士は身分の証として大小の刀二振りを腰に帯び、「刀は武士の魂」と言われ、互いの刀の鞘がぶつかるだけで「鞘当て」という大変な無礼となり、決闘の原因となった。江戸時代、長く戦争のない時代が続きながらも剣技に秀でることは武士の名誉とされたのだった。

明治十六年（一八八三）十二月、籠手田安定《こてだやすさだ》（滋賀県知事、島根県知事、新潟県知事、貴族院議員、元老院議官を歴任。山岡鉄舟の高弟として、鉄舟から一刀流正統の証の朱引太刀を授けられる）が、東京での地方官会議に出席する際、高山峰三郎ら関西の剣客約十名を引き連れ、警視庁に試合を挑んだ。

高山は東京の名剣士——真貝忠篤、三橋鑑一郎、得能関四郎ら撃剣世話掛三十六名を連破した。最終日の逸見宗助との試合には警視総監・樺山資紀も観戦に訪れ、逸見には敗れたものの明治剣道史の大記録となった。

政治家の行動としての是非はともかく、明治政府の重鎮は士族出身者が大半であることから武士の気風を強く残し、武士道としての「剣」に重きを置いていた様子が窺える。

籠手田は明治十五年（一八八二）七月十六日、京都体育場の撃剣大会で、龍馬暗殺事件実行犯集団の一人と推測される元京都見廻組肝煎・渡辺篤と対戦している。当時、渡辺は改名していたため、渡辺が元見廻組隊士であったことをほとんどの者が知らなかったという。

現代において歌舞伎役者、棋士、相撲取りが文化功労者として、社会的評価を受けるのに対し、近代から現代にかけてなぜ武士文化が失墜したのだろうか。

明治期の文明開化は日本の近代化を著しく進歩させたが、一方でそれまでの自国の文化が軽視されるようになる。日本的なものは時代遅れと見られ、剣術の伝書類は夜店で一山幾らで売られ、悲憤した元士族、剣術家では切腹するものが相次いだという。

だが、西南戦争における抜刀隊の活躍、および日本の近代化が進むにつれ、欧米への憧れは薄れ、日本文化、日本武術、武士道は再認識されることになる。

しかし、日中戦争、太平洋戦争での軍国主義の横行は国家主義、国粋主義が根本をなしたことから、日本の敗戦によってＧＨＱ（連合国軍最高司令部）は思想だけでなく、日本固有の文化面までを規制の対象とした。日本武道は長く禁止され、武士道の精神も軍国主義の思想として危険視されたのだった。

このようなＧＨＱによる規制は、戦後の急速な欧米化と日本文化軽視につながっていくことになる。そして、それは明治の文明開化と言われた時期に同様に起こった現象であった。

では明治という新時代において、かつて武士道に生きたサムライたちはどのように生きたのだろうか。

元新選組撃剣師範・新井忠雄の新政府への出仕

新井忠雄は天保六年（一八三五）、奥州磐城平藩士・山崎覚兵衛の次男として生まれた。のちに母の実家を継いで新井姓を名乗る。

幼少より文武の修行に熱心で抜きん出た才を認められていたという新井は、嘉永五年（一八五二）、十八歳の時に志を立てて江戸へ出る。

元治元年（一八六四）、三十歳で京に上り、新選組に入隊。諸士調役兼監察、撃剣師範となる。入隊後、すぐに諸士調役兼監察の重職に抜擢され、強者が群れをなす新選組で撃剣師範を務めたことから、文

新井忠雄

武共に相当にできる人物だったのだろう。

慶應二年（一八六六）九月十二日、長州藩の罪状を記した三条に設置された制札を、土佐藩士、浪士が破却しようとして警備の新選組と斬り合いになった「三条制札事件」が起こった。このとき新井は当番で部下を率いて制札場近辺の警戒にあたっていた。

新井は土佐藩士・宮川助五郎に重傷を負わせ、部下の今川裕次郎が宮川に駆け寄って止めを刺そうとするのを押し止めて捕縛させた。

この新選組と土佐藩士の戦闘に参加していた新選組隊士・橋本皆助が「今夜の如き烈戦は初めてであり、原田（左之助）、新井両氏の働きは殊のほか見事であった」と語っていることから、新井の活躍は目覚ましいものがあったようだ。

この事件の功で、新井には十二月に会津藩より報奨金二十両が授けられている。

新井の入隊は新選組参謀・伊東甲子太郎と前後しており、のちに伊東に共鳴した新井は共に新選組から分離して御陵衛士を結成する。

御陵衛士隊長となった伊東にとって、新井は部下ではなく盟友、親友のような存在であったようだ。

慶應三年（一八六七）二月の九州遊説の旅で、伊東は佐賀で新井と再会した時の喜びを、日記で次のように記している。

「二十二日
佐賀の旅館にて忠雄氏に逢ふ
今さらに何をか物を思ふべき
世にもうれしき
ますらおの友」

新井が新選組として携わった三条制札事件は龍馬が暗殺された時に中岡と要談していた案件である。その点からも新井も龍馬と不思議な縁があるといえる。

新井忠雄という人物は幕末の武士として著名な人物ではないが、その生き様は武士道を具現化しているように感じられる。

新選組で会計方を務めた河合喜三郎が隊費不積算で斬首されたとき、河合は潔白を主張して監察による調査を望んだが、副長・土方歳三は「未練」と却下した。だが、新井は「役目だから」と調べ続けたという逸話がある。

三条制札事件では出動して手柄を上げたが、事件後に近藤や土方から部下の働き振りについて問われると「酔っていたし、自分が先頭に立って戦ったので部下の甲乙は判らぬ。願わくば全員均等に御賞与ありたい」と答えたという。

新選組脱退後、御陵衛士では伊東の右腕として活動したが、慶應三年（一八六七）十一月十八日の油小路事件により伊東は暗殺され、御陵衛士は崩壊する。

この油小路事件当日、新井は偶然にも京を不在にしていた。三日前の十一月十五日に同志募集のための江戸に向かって旅立ったばかりだったからである。そして、この十一月十五日は龍馬が暗殺された日だった。

新井は伊東が暗殺され、新選組が御陵衛士残党を捕縛するために捜し回っていることなど知る由もなく江戸に向かっていた。

新井の妻、小静は新選組に夫が捕縛されてはと案じ、ついに乞食に変装して京を脱出して夫を探しにいったという。四日市で妻と会うことができた新井は、妻から事件の顛末を聞くと、十二月二十五日に泉山御陵近くの弁天前に住む志士・井上謙蔵を訪れる。

井上から生き残りの同志が伏見で近藤勇を狙撃し、その後は今出川の薩摩藩邸に潜伏していると聞かされ、新井は二十五日の夜、密かに薩邸に入り、同志と合流した。

慶應四年一月三日に始まった鳥羽伏見の戦では、同志と共に中村半次郎の率いる薩摩藩一番隊に加わり、御陵衛士の同志と盟友伊東の仇である新選組とも戦った。

鳥羽伏見の戦い後、一月八日の松尾山における赤報隊の挙兵にも当初から参画し、赤報隊二番隊に属した。歴戦の士であった新井は、倒幕派志士の宿敵ともいうべき新選組出身ながら、軍隊を監督する役職である監軍に抜擢されている。

のちに相楽総三の一番隊が総督府からの帰還命令に従わず東海道を進軍すると、二番隊は袂を分かって帰京するが、新井、篠原泰之進（元新選組諸士調役兼監察・柔術師範）、三木三郎（同副長助勤・

九番隊組頭・伊東甲子太郎の実弟）の三名は「偽官軍事件」のために投獄されてしまう。

このとき理不尽だと大いに怒り、「脱獄する」「警備兵を残らず斬り殺す」といきまいて篠原、三木に宥められたという。

三名の入獄後、新井の妻小静と篠原の妻萩野は、身に代えて夫の放免を嘆願しようと阿州陣屋に駈け込もうとしたが、新井らの同志たちに諭されて思い止まり、その後、日夜、神仏に夫の無事を祈願していた。

妻たちの祈願によるものか、薩摩藩士・遠武橘次《とおたけきつじ》の尽力によって新井、篠原、三木の嫌疑は晴れ、三月七日に釈放された。篠原の手記によれば、釈放されたときに陣屋で焼き魚の食事が出され、篠原と三木は喫したが、新井は一飯も受けなかったという。

同年六月十五日、新井、篠原、三木の三名は朝廷に召し出され、仁和寺宮嘉彰親王から新政府軍（会津征討軍越後口派遣軍）軍曹の辞令を受け、転戦する。当時の太政官制での軍曹は旧陸軍の大尉に相当する将校であった。

越後軍において、新井は三条制札事件で自らが助けた宮川助五郎や、事件当夜、宮川と共に新選組と激闘した土佐藩士三名と、同じ新政府軍軍曹として再会し、共に戦うこととなる。

明治二年、戊辰戦争で戦功を上げた新井は、永世五十石の賞典を授けられる。戊辰戦争に出征した将兵のうち、多くは一時金を賜ったのみで、賞典に永世禄を賜ったのは僅か四十名にも達していなかった。このことからも、新井の戊辰戦争での戦功が抜群であったことが窺える。

のちに新政府に出仕した新井は戊辰戦争での戦功もあり、弾正台京都支庁に配属された。

弾正台は特別検察庁兼行政監査庁ともいうべきもので、刑部省（のちの司法省）の宣告する判決の妥当性を審査したり、死刑執行に立ち会うのも仕事の一部であり、明治初期においてかなりの権勢があったという。

明治二年十一月、伊東をはじめとする御陵衛士のかつての同志たちの墓碑が建てられた。この時新井は、北越戦線で戦死した自らの従者・高村久蔵のためにも私費をもって墓碑を建てている。

新井忠雄の墓

敵方であった新選組出身者ながら、その才覚と実直な人柄ゆえか、明治政府において順調に出世の階段を昇り、明治二年十月には弾正台大巡察に任命され、従七位を叙勲された。また翌年の明治三年三月には東京府士族となり、終身四人扶持を賜っている。

だが同年四月、新井は上司である元薩摩藩士・海江田信義の「大村益次郎暗殺犯死刑停止事件」に連座して免職処分となり、位階の返納を命じられた。

その後四年を経た明治七年になって、かなり地位が下がる司法省九等出仕として司法界に復帰している。様々な苦難を乗り越えてきた半生の賜物によるものか、新井は奉職の道でも粘り強い強さを持っていたのだろう。明治十年には司法省判事に任命され、再び従七位を叙勲される。

『明治十二年明治天皇御下命　人物写真帖』の中には貴重な壮年時の新井の肖像写真が収められてい

る。当時、司法省判事として鹿児島県地方裁判所に勤務していた。
東京控訴裁判所を最後の勤務地として、明治十九年一月、司法省を退職。武士であった時代、故郷、磐城を出てから江戸、京、東北各地で戦った新井は、勤め人としても黎明期の日本において、京都、鹿児島、東京の各地で忙しく活動していたようだ。

明治二十二年には従六位に叙せられる。旧新選組隊士で叙勲されたのは新井を含めて四人のみである。

明治二十四年（一八九一）二月十五日午前十一時、新井は病のために没した。享年五十七歳。酒豪であったという新井の墓の前には大杯の形をした水盤が置かれ、墓碑の正面には、幕末に命を賭して夫のために奔走した妻小静の名も、寄り添うように刻まれている。

新選組・斉藤一の明治

新選組撃剣師範、三番隊組頭、副長助勤・斉藤一は戊辰戦争後は会津藩士（斗南藩士）として生きた。斉藤一は謎の多い人物である。

新選組結成メンバーのうち、戊辰戦争を経て明治まで生き残ったのは斉藤一と永倉新八の二人だけだった。

永倉が晩年まで新選組について多くの記録を残したのに対し、斉藤は新選組について語ることなく

斉藤一

生涯を終えた。

文久三年の浪士組の名簿には、近藤勇、土方歳三、沖田総司、芹沢鴨、永倉新八、原田左之助、藤堂平助、山南敬助といった、後に京に残留し、新選組を創立したメンバーの名前はあるが、そこに斉藤の名前はない。江戸で旗本を斬った斉藤は京に逃げ、剣術道場の師範代を務めていたという。

しかし、幕末の警察、司法機関は現代人が考えるより遥かに確立されていた。将軍の直臣である旗本殺傷事件であるならば、幕吏は威信にかけても犯人捜査をするはずである。また本人だけでなく、その生家、家族までが罪を受けた。

浪士組の発案者、清河八郎は、罵詈雑言を浴びせてきた幕吏の手先を無礼討ちにしただけで、江戸を離れて京や諸国を回って潜伏することになる。清河の弟、妻までが連坐して捕縛され、妻は獄死している。

斉藤の父、生家が罪を受けたという記録は残っていない。斉藤の過去は不明な点が多く、いつの時点で新選組に入隊したのかははっきりしていないのだ。

大政奉還後、新選組は旧幕府軍に従い戊辰戦争に参加する。慶應四年（一八六八）一月に鳥羽伏見の戦いに参戦。三月には甲州勝沼に転戦する。斎藤はいずれも最前線で戦った。

会津戦争時の新選組分離以降も会津に残留し、会津藩士と共に城外で新政府軍への抵抗を続けた。九月二十二日に会津藩が降伏した後も斎藤は戦い続け、容保が派遣した使者の説得によって投降した。降伏後、捕虜となった会津藩士と共に、最初は旧会津藩領の塩川、のち越後高田で謹慎生活を送った。

会津藩は藩名を新たに斗南藩と命名され、斎藤も斗南藩士として当時極寒不毛の地とされた下北半島へ赴く。

明治七年（一八七四）三月十七日、斉藤は元会津藩大目付・高木小十郎の娘、時尾と結婚する。結婚式では元会津藩主・松平容保が上仲人、元会津藩家老の佐川官兵衛と山川浩、倉沢平治右衛門が下仲人を務めている。

明治初期はまだ身分制度や家格等の差は依然厳しく、また家中以外への排他性が根強い時代であった。

元々は足軽の子息であり、新選組結成時は「壬生浪」（新選組屯所のあった壬生に巣くう浪人の意）と言われた斉藤が会津藩士となっただけでなく、会津藩大身の娘を娶り、藩主、家老が仲人を務めたというのだ。このことは、会津の地に留まり、最後まで戦い続けた斉藤が、いかに会津藩内で認められ、信頼されていたかが窺える話である。

斉藤はその後、東京に移住して警視庁に採用されて警察官となる。

元新選組幹部、また賊軍とされた会津藩士としても、敵方であった新政府の下で軍人ではなく一警察官として奉職したのはどのような意図があったのだろうか。

そして明治十年（一八七七）二月、九州で西南戦争が勃発する。戊辰戦争で辛酸を舐め、新政府の下で冷遇されていた東北諸藩出身の元士族たちは従軍を熱望するが、当初警察官の者は許可が下りず、ただ時機を待つしかなかった。その間の二月二十日、斎藤は内務省警視局で警部補に昇任。五月、斎藤はついに別働第三旅団豊後口警視徴募隊の二番小隊半隊長として西南戦争に従軍する。斬り込みの際に敵弾で負傷するも、大砲二門を奪取するなど奮戦して東京日日新聞に報道された。一方、斉藤の結婚式の仲人を務めた「鬼の官兵衛」の異名をとった佐川官兵衛は戦死する。

戦後の明治十二年（一八七九）十月八日、斎藤は政府から勲七等　青色桐葉章と賞金百円を授与された。戊辰戦争後の辛苦の生活を経て、宿敵とも言うべき存在との戦いでの戦功による受勲は、万感の想いだったのではないだろうか。武士としての斉藤の気骨には舌を巻くしかない。

順調に警察官として出世していくと思われたが、明治十四年（一八八一）の警視局廃止、その後の警視庁再設置ではなぜか降格されて巡査部長となる。四年後の明治十八年（一八八五）にようやく警部補に復帰。明治二十一年（一八八八）に麻布警察署詰外勤に警部として勤務。明治十年の警部補任命から実に十一年が経っていた。

その四年後の明治二十五年（一八九二）十二月、まだ四十八歳ながら斉藤は警察官を退職する道を選ぶ。

警視庁退職時、東京高等師範学校（現・筑波大学）校長を務めていた元会津藩士・高嶺秀夫らの推挙で、明治二十七年（一八九四）四月から東京高等師範学校附属東京教育博物館（現・国立科学博物館）に看守（守衛長）として奉職することとなる。

東京高等師範学校には明治三十一年（一八九八）まで在職し、同校の撃剣師範を務めて学生に撃剣を教えた。試合をすると、誰も斉藤の竹刀に触れることさえできなかったという。

明治三十二年（一八九九）、五十五歳で退職し、東京女子高等師範学校に庶務掛兼会計掛として勤務。生徒の登下校時は人力車の交通整理もしたといわれる。

前述の元新選組の新井忠雄が明治政府の高官になり、従六位に叙勲までされているのに対し、結成以来の大幹部であり、会津では新選組隊長を務め、新選組最強の剣客の一人といわれた斉藤が守衛や事務員として後年を生きたことになる。

新井は戊辰戦争勃発前に新選組を離隊しており、政府軍の一員として軍功もあげている。士族の明治時代の不遇を考えれば、会津戦争で最後まで政府軍に抗戦し、朝敵とまで言われた会津藩士として生きた斉藤が警視庁警部の職に就けたのは不遇とまでいえないかもしれない。

だが、武士は現代人からは想像することができないほど「サムライ」としての誇りを重んじ、自身の誇りを守るためには死も厭わないという存在であった。

明治維新以後、廃刀令、秩禄処分、四民平等と武士は次々に特権を失い、没落していった。特に秩禄処分後は「武士の商法」により財を失い困窮した元士族の子女である遊女が多くいたという。そのような元士族困窮の時代に斎藤は様々な形でも生き抜いていたことになる。

新選組時代には分裂した御陵衛士（高台寺党）に潜入し、御陵衛士壊滅には斉藤の働きが大きいといわれた。龍馬同様に特殊な能力を持った、従来にはない形の武士だったといえるだろう。

斉藤は波瀾万丈の生き様ゆえか、度々名を変えている。「斎藤一」という名前は、京都に移ってから新選組全盛期にかけてのもので、最初の名前は山口一である。

文久二年（一八六二）、江戸で刃傷沙汰を起こして京に逃亡したと伝えられている頃、斎藤一と名を変えた。慶應三年（一八六七）に山口二郎（次郎）と改名。会津藩に属して戊辰戦争を戦った時期には一戸、一瀬伝八を名乗った。斗南藩に移住する直前、妻の高木時尾の母方の姓である藤田姓を名乗り、藤田五郎と改名した。明治五年（一八七二）の壬申戸籍には「藤田五郎」として登載されている。

このように斉藤が度々改名しているのは、かつて敵方であった者たちからの報復を避ける用心だったといわれる。明治維新後も殺伐の気風は残り、幕末期の遺恨による暗殺は珍しいことではなかった。元京都見廻組の今井信郎も自宅に素性の定かでない不意の来客があると、変名を用いてやんわりと追い返してしまったという。

斉藤の孫の藤田實によれば、斎藤の長男・勉（陸軍少佐）はたびたび竹刀を持って物陰に潜み、子供たちが帰宅すると不意打ちして「士道不覚悟」と叱ったという。また、

「武士たる者は、玄関を出るときは頭から先に出るな、足から出よ、不意に斬り付けられた場合、頭をやられれば致命傷だが、足ならば倒れながらも相手を下から突き上げて殺すことができる」

と説教するのを常としていた。

明治維新以降、武士の時代が終焉しても斉藤が息子たちに説いていた「武士の心得」の一つだったのだろう。斉藤は明治の世になってからも度々何者かに襲われたことがあったという。

自らの武士道のもとに戦い続け、近代日本になってからも最後まで逞しく生き抜いた斉藤らしい逸話といえる。

新選組の二人の撃剣師範、斉藤一と新井忠雄は戊辰戦争後に対象的な道を歩み、数奇な縁をたどる。

斉藤はかつて新井が属した御陵衛士に局長近藤勇の命で潜入したといわれる。御陵衛士による「近藤勇暗殺計画」の情報を、斉藤がいち早く新選組にもたらしたことが慶應三年十一月の御陵衛士壊滅の一端になったともいう。

新井はこの時江戸に滞在しており難を逃れたが、盟主であり親友であった伊東甲子太郎をはじめとする同志数名を殺されている。

一方、伊東暗殺の一か月後の十二月十八日、近藤勇は御陵衛士残党によって銃撃される。肩に重傷を負った近藤はこの銃撃により剣が持てなくなった。元来は生粋の剣客であった近藤は、この銃傷により剛胆であった気力に翳りが見えるようになり、それがのちの新政府軍への降伏、斬首につながったともいわれる。

新井は新政府軍の一員として戊辰戦争で転戦して軍功をあげる。一方、斉藤は旧幕軍の一員として鳥羽伏見の戦いから会津戦争まで戦い抜いた末に投降する。

二人は強者揃いの新選組の中で最強ともいうべき撃剣師範であり、そして同時に仇敵同士でもあった。だが斉藤は警察官として、新井は司法官として、東京の地で共に明治政府に出仕することになる。

二人の元新選組撃剣師範が恩讐の彼方で語り合うことはあったのだろうか。

新渡戸稲造の試み

『武士道』を著した新渡戸は「青年よ大志を抱け」の名言で知られるウイリアム・クラーク博士が教鞭をとった札幌農学校で学んだ。

札幌農学校は当時の日本でもっとも開明的な学校であった。南部藩士族の出自ながら、新渡戸はここで早くからクリスチャンの洗礼を受ける。

卒業後、道庁での奉職を経て帝国大学（のちの東京帝国大学）に進学するも、当時の農学校に比べ帝大の研究レベルの低さに失望して退学。明治十七年（一八八四）、二十歳の時、日本と世界の「太平洋の架け橋になりたい」と私費にて渡米を決意する。

アメリカ、ドイツで学問と研究の傍ら日本についての講演も行い、ハレ大学（現マルティン・ルター大学）で農業経済学博士号を得て帰国。

のちに妻となるメアリー・エルキントン（日本名・新渡戸万里子）はアメリカでの新渡戸の講演を聞き、新渡戸を見初めたという。当時において白人女性から東洋人である新渡戸への告白は、よほど新渡戸の学識と人柄に惹かれるものがあったのだろう。

帰国後、自らの母校、札幌農学校の教授に赴任するも体調を崩して休職する。『武士道』を英文で書き上げたのはカリフォルニア州で療養していた時だった。

当時の日本は日清戦争で勝利し、世界から注目を集め始めていた。日清戦争の終結は明治二十八年

（一八九五）だが、明治維新から二十七年しか経過していない。約三十年前の日本といえば、人々の多くが頭髪はまだ髷を結い、靴は履かず、ほとんどの移動手段は徒歩か馬であり、電灯ではなく蝋燭で生活していた時代だった。

欧米先進国からすれば、発展途上国どころか文明未開の地という印象であっただろう。その日本が、西欧列強諸国から「眠れる獅子」と畏怖されていた清に勝利したことで、西欧諸国は日本に対して一種、神秘的なイメージを持つに至る。

明治三十三年（一九〇〇）に『武士道』が刊行されると、ドイツ語、フランス語など各国語に訳され、ベストセラーになり、セオドア・ルーズベルト大統領らに大きな感銘を与えた。

一方で、当時の西欧列強諸国によるアジアへの植民地政策から分かるように、現代以上のアジア人軽視はあったと推察される。

長い異国での生活はアイデンティティの確立をうながす。新渡戸が『武士道』を著した潜在的な理由は、長い海外生活の中で「自分は何者であるのか」、「日本が世界に誇り得るものは何か？」を模索した結果ではないだろうか。

『武士道』を読み進めると、当時の世界の知識層に対して、未知の国であった日本を、武士道を介することで理解を得ようとする様子が窺える。

淡々と書き進められるその内容は、終盤になるに従って新渡戸の溢れんばかりの母国愛と共に文章は書き綴られていく。

『武士道』を紐解き、最後のページをめくると、そこにはこう結ばれている。

新渡戸は言う。


武士道は一つの独立した道徳の掟としては消滅するかもしれない。

しかしその力はこの地上から消え去ることはない。

その武勇と文徳の教訓は解体されるかもしれない。

しかしその光と栄誉はその廃墟を超えて蘇生するにちがいない。

あの象徴たる桜の花のように、四方の風に吹かれたあと、人生を豊かにする芳香を運んで人間を祝福しつづけることだろう。

何世代か後に、武士道の習慣が葬り去られ、その名が忘れ去られるときが来るとしても、

「路辺に立ちて眺めやれば」、その香りは遠くに離れた、見えない丘から漂ってくることだろう。

いずこよりか知らねど近き香気に、
感謝の心を旅人は抱き、
歩みを停め、帽を脱《と》りて
空よりの祝福を受ける。

「私は日本と世界をつなぐ太平洋の架け橋になりたい」

新渡戸はその言葉のままに、国際連盟を脱退して世界で孤立していく日本のために最期まで奔走し、母国に帰れないまま異国の地カナダで亡くなった。

「葉隠」における「武士道と云ふは死ぬ事と見つけたり」の一節は武士の行動における覚悟を表すもので、武士道とは決して死を礼賛するものではなかった。

武士道の根本にあるのは義と仁であり、家を守るためにも争いを未然に防ぎ、平穏を築くことが武士の求めた道だったのだ。その精神性こそが約二百三十年以上に亘って戦争が一度も勃発しないという、世界でも類を見ない平和な時代を作りあげたのだ。

「武士道は大きな遺産である」、新渡戸稲造は語り遺した。我々はこの遺産を守り、後世に伝えるべきではないだろうか。

武士道と志

斉藤一は大正四年（一九一五）まで存命しているので、近代の人物と言えるが幕末期までの斉藤自身の半生については驚く程不明な点が多い。

いずれにしろ、斉藤は新選組創立時から幹部として名を連ね、幕末の京、そして戊辰戦争、西南戦争まで戦い抜いた唯一の新選組隊士であった。

「新選組最強の剣士」ともいわれる斉藤だが、実際の斉藤の剣の実力はどうだったのだろうか。

内藤高治、門奈正は明治期の最高峰の剣道家であり、共に大日本武徳会本部教授、剣道範士として「技の門奈、気の内藤」と並び称された。

明治二十一年（一八八八）の警視庁剣術家名簿によれば、斉藤は内藤、門奈と同格の「四級」とされている。試合では当時の一流の剣術家であった撃剣世話掛（警視庁剣術師範）の渡辺豊に勝利した記録が残っている。このとき、既に四十七歳であった。この記録からも斉藤の剣の実力が伝説上のものではなく、実際に一流の域に達しており、明治の剣道界でも認められていたことが分かる。

明治維新後の斉藤の足跡を追ってみると、戊辰戦争によって突如朝敵とされた会津藩への武士道の観念が窺える。

慶應四年（一八六八）に新選組全隊士が幕臣として取り立てられるまで、新選組は「会津藩御預かり新選組」を正式名称とし、会津藩主・松平容保は新選組結成以来、新選組の主家的存在であり続けた人物だった。

幕軍が朝敵とされたことで徳川家譜代の大名家までが続々と新政府軍に寝返るなか、会津藩は奥羽越列藩同盟の盟主となり、矢面に立たされることになる。

会津戦争は、戦った会津藩士だけでなく、藩民も新政府軍による多大な被害を受けた。

斉藤が箱館への転戦を主張した土方歳三と袂を分かつことになっても会津で戦い続けたのは、斉藤が自らの武士道の「智」から導き出した結論だったのだろう。武士道においての「智」は知識ではなく、深く物事を見通す智恵であり、義において「今、何が正しいのか」を判断することだった。

利害打算、生死を越えて敗戦必至の会津で戦うことは、武士道における「勇」、すなわち正しいことを命を賭して実行する勇気であった。そして苦境にある会津藩と藩主への「忠義」は己の正義に値するものであり、そしてその忠義を貫くことが自身の「名誉」であったのだろう。

斉藤は会津藩が降伏しても戦い続け、藩主松平容保の使者による説得を受けて、遂に剣を納めることになる。それは新選組が京の街に掲げた旗のように、武士に二言なく、言ったことを成す「誠」というものだった。

戦い抜いたのち、江戸出身の幕臣であった斉藤が、厳寒不毛の地と言われた斗南まで赴き会津藩士として生きたのは、自分の信じる道を貫く「義」と、他者の苦しみを思いやる「仁」だったのだろうか。

斉藤は新選組時代、戊辰戦争、西南戦争のいずれの戦いにおいても奮戦しながら、何も語らずに亡くなった。それは、若くして散っていった、もう何も語ることができない多くの戦友たちへの礼儀――「礼」のように思える。

常に第一線で戦い続けた人物だけに、もし斉藤が記録や証言を残せば幕末期の史学に貴重な資料となっただろう。

また、新選組隊士・大石鍬次郎は捕縛後の取り調べにおいて、近藤勇が幹部たちに龍馬殺害について語っていたと供述している。近藤の側近中の側近であった斉藤は龍馬暗殺の謎を知る人物であったのかもしれない。

大正時代の龍馬の名声は日本中に轟いており、このことは事件当時からの生存者たちが、後年、自分に都合よく回顧してしまう遠因になったようだ。

今井信郎、渡辺篤の記事のように、斉藤がマスコミに龍馬暗殺事件について取り上げられれば、斉藤の戦歴からもその勇名は世に広く知られることになっただろう。

明治、大正時代は会津藩出身の武田惣角の厚遇からも分かるように、武士の気風は強く残されており、多くの政治家、軍人は士族出身だった。剣術家は剣道教授方として各種学校での指導者になる者も多く、その社会的地位も決して低くはなかった。

榎本武揚、大鳥圭介、渡辺篤等、旧幕臣出身の政治家、軍人、剣道教授方もおり、斉藤の剣技、戦歴をもってすれば、守衛や事務員にならずともよい道はいくらでもあっただろう。

明治、大正の薩長藩閥政府のもと、明治維新への大した功績がないにも関わらず、薩摩、長州藩出身というだけで富、名声、権勢を手にした者たちが多くいた中で、斉藤は人生に迷いがないように感じられてならない。

地位や名誉を求めず、何も語らず、淡々と日々の仕事をこなし、大正まで生き続けた斎藤は何を想って生きたのだろうか。

宮本武蔵の著した本に「独行道《どっこうどう》」という書がある。これは武蔵が逝去の一週間前に、後継者である二天一流第二代・寺尾勝信に託した自戒の書である。「独《ひと》り行《ゆ》く道《みち》」とも読む。この書には武蔵が日々心に刻んだであろう言葉が並ぶ。

「一生の間、欲心思わず」

「善悪に他をねたむ心なし」
「自他共に恨みかこつ心なし」
「物毎《ものごと》に好きこのむ事なし」
「常に兵法の道を離れず」
「われ事において後悔せず」

新選組屈指の剣士であった斉藤も武蔵のような自戒の念と共に生きたのだろうか。斉藤一は大正四年、東京で亡くなる。息を引き取る直前、布団を片付けさせ、床柱を背に座ったまま臨終を迎えたという。墓は生まれ故郷の江戸ではなく、会津若松の地、阿弥陀寺にある。

坂本龍馬、中岡慎太郎、吉田稔麿、土方歳三、斉藤一のいずれもが、いわゆる代々伝えられてきた武士の家系の家に生まれた者ではなかった。厳密にいえば、土佐藩や長州藩において郷士や足軽は広義における藩士ではあったが「士分」ではなかった。「士分」となってはじめて仕える藩の「家中」と認められた。

龍馬の家は土佐藩の下級武士である郷士であり、坂本家は才谷屋という商家が郷士株を買って分家させたものだった。中岡は庄屋の息子であり、稔麿の家は足軽であった。土方は農家に生まれ、薬の行商をしつつ剣術修行をしていた。斉藤の家は父の代で御家人株を買ったとされていたが、実際には旗本の公用人（家来）にすぎず、士籍はなかった。

のちに龍馬、中岡は土佐藩士として、稔麿は長州藩士、土方、斉藤は幕臣として、全員が士分に取り立てられる。

彼らが生まれた家系や階層に関係なく、最期まで驚くほどの強い精神力をもって自らの「志」に生きた要因は武士道の精神によるものだったのではないだろうか。

坂本龍馬、中岡慎太郎は才気走った、ただの開明的なだけの人物ではなく、その「志」が多くの人を動かし、激動の日本を変え、発展させた原動力となったのだ。

いつの時代でも「武士」――サムライのもっていた精神の美意識、つまり武士道こそが日本が世界に誇りうる精神であり、武士道の精神性の価値はどんなに時を経ても決して変わるものではない。

そして武士道における美意識とは「人間はどう生きれば美しいか」であり、自らの「志」に生きる姿のことだった。

龍馬と中岡は薩長連合のために奔走し、稔麿は同志のために池田屋に駆け、斉藤、土方、新井は別々の地で戊辰戦争を戦い、自らの志を貫いた。

武士は江戸時代の身分の一つであり、全ての武士が志に生きた訳ではない。

だが、幕末、己の生き様の美意識を追求し、志に生きようとする者たちが様々な階層から次々と現れたのは、約二百五十年以上続いた武士道の訓育によるものではないだろうか。

江戸時代の武士は士農工商の身分の頂点に立つ者として、他の階層の模範となり、敬意を持たれなければならないとされた。

戦いのために武術を修練するだけでなく、教養を身に付け、徳を積み、君主への忠義を重んじ、誇りを守るために命を懸けるというように、己を磨き続けるべく存在だった。江戸時代にはこのような文武両道の教育が武士の子には義務づけられ、近代の十九世紀中頃まで続けられたのだった。

そして、武士以外の他の階層においても、武士道の精神は日本人の理想として伝え続けられ、教養と道徳教育の根本を成していた。

幕末から明治にかけて、西洋の知識を学ぶために海外に渡った武士たちがいた。その中には武士階級出身ではない者もいたが、多くの者が訪れた国の人々の尊敬を受けて帰国したと伝えられている。

国際的なマナーや言葉も分からないまま、文明の遅れた母国から旅立った武士たちが異国の地で尊敬を受けたのは、彼らが持つ気品や高潔さ、すなわち武士道の精神によるものだったという。

第二次世界大戦後、日本は経済大国となった。一方で武士道のような日本が世界に誇れる精神性を長く忘れてきたのではないだろうか。

武士道は死を美化するものではなく、武人の闘争のための心構えだけでもない。「何のために生きるか」という「志」のための歩むべき道筋である。

人生という長い道のりを歩いていく時、例え忘れ去っていたとしても、日本人の心の中に残る武士道は、決して消えることなく、静かに芳香を漂わせ続けているのだろう。

（了）

参考文献

『明治十二年明治天皇御下命「人物写真帖」』宮内庁三の丸尚蔵館
『新選組・池田屋事件顛末記』冨成博　新人物往来社
『武士道』新渡戸稲造　三笠書房
『吉田松陰と高杉晋作の志』一坂太郎　ベスト新書
『松陰先生と吉田稔麿』来栖守衛　マツノ書店
『江戸から来た刺客』（「歴史読本」）中沢巠夫　人物往来社
『龍馬暗殺　最後の謎』菊地明　新人物文庫
『坂本龍馬を斬った男』今井幸彦　新人物文庫
『龍馬史』磯田道史　文春文庫
『龍馬暗殺の謎』木村比古　ＰＨＰ新書
『坂本龍馬事典』志村有弘編　勉誠出版
『雋傑坂本龍馬』坂本中岡両先生銅像建設会編　秀英舎
『暗殺秘録』三好徹　角川文庫
『新渡戸稲造　我、太平洋の橋とならん』草原克豪　藤原書店
『新選組・斉藤一のすべて』新人物往来社編　新人物往来社

『新選組・斉藤一の謎』赤間倭子　新人物往来社
『秘伝兵法二十七番』戸部新十郎　読売新聞社
『古流剣術』田中普門　愛隆堂
『宮本武蔵　実戦・二天一流兵法』宮田和宏　文芸社
『武田惣角と大東流合気柔術』合気ニュース
『宮本武蔵玄信　宮本武蔵円明流判官派指導書』高橋華王　国際武道学会
『絵で見る時代考証百科』名和弓雄　新人物往来社
『武士の家計簿』磯田道史　新潮書店
『都筑馨六関係文書目録』国立国会図書館
『京都見廻組史録』菊地明　新人物往来社
『刀剣』小笠原信夫　保育社
『坂本龍馬歴史大事典』新人物往来社
『新選組　高台寺党』市居光一　新人物往来社
『新選組史録』平尾道雄　新人物往来社
『新選組始末記』子母澤寛　中公文庫
『史説　幕末暗殺』中沢巠夫　雄山社
『武道の謎を科学する』高橋華王　砂書房
『宮本武蔵玄信』高橋華王　国際武道学会

『合気柔術入門』岡本正剛　北欧社
『居合道入門』加茂治作　愛隆堂
『日本伝統武術真諦』小佐野淳　愛隆堂
『歴史と小説』司馬遼太郎　集英社文庫
『剣道の発達』下川潮　第一書房
『斬れ味日本刀』光芸出版
『江戸幕府大辞典』吉川弘文館
『幕末旗本士族と土――牧之原開墾ものがたり』平井行男　新人物往来社
『英国外交官の見た幕末維新』A・B・ミットフォード　講談社学術文庫

後書き

私はこれまでの武道修行の過程で、高齢の先達の方々にお会いしてきましたが、その中には元士族の古老から教えを受けた人たちがいました。

私がかつて教えを受けた人物は明治四十二年に生まれ、平成十四年に九十三歳で亡くなられましたが、この人の師は天保十四年生まれで、まだ江戸幕府の治政による武士の時代に生きた人でした。

年齢的には天保十五年生まれの新選組の斎藤一や沖田総司とほぼ同じになります。また、古武術で師事した人物は、戊辰戦争で戦った元会津藩士に武術を学んだことがあったと聞きました。

つまり、私の先生の先生は武士だったということになります。こう捉えてみると、感覚的に武士という存在は年数よりはるかに近く感じられます。

ここまで記したことは、長く受け継がれてきた「武士の心得」について、これまで師から学んだこと、先達や書から知り得たことをまとめたものです。

長年、日本武道を修行、そして指導してきましたが、日本人の根本に古くから伝わる精神性によるものか、門外漢の人でも話してみると、武道に対して比較的理解をもってくれているように感じます。

一方、「野蛮だ」「喧嘩の道具」「知性に欠ける」という、いささか心外？　とも思える言葉を耳にすることもあります。社会人となり、自分で道場を開いて指導を始めるまで、私は前述のような意見をあまり聞いたことがありませんでした。

なぜなら、私はこれまでの修行過程において幸いにも師に恵まれ、師は体術、剣術の実践的な実力はもとより、優れた人格をもち、学識に恵まれた人たちでした。

稽古は厳しく、過酷とも言うべき時もありましたが、そこには強制的な上下の服従やシゴキはなく、何よりも師への信頼がありました。

そのような師の周りには同様の門人が集まるもので、活力に溢れた人は多くいましたが、粗暴な人はいなかったようです。

『武士道』の、

「私を生んだものは父母である。私を人たらしめるものは教師である」

という言葉のように私は闘う術だけでなく多くのことを道場、そして武道を通して学びました。

新渡戸稲造が海外で宗教教育のない日本において、道徳教育の根本に存在したのは「武士道」であると気づかされたように、かつて武士が己を磨き、武士道の精神を得るために学んだ道――日本武道は、単なる「野蛮な技術」ではなかったのです。

縁あって海外で日本武道について指導、演武、講演をするようになりましたが、そこで感じるのは外国人の日本文化としての武道への関心と敬意です。それは我々日本人が思う以上に大きいものがあります。

だが、そこで、武士道のような精神性を中心に述べると実用的ではないと判断され、反対に技術だけに片寄れば、彼らが望む武士道的な高度な精神性を内在していないと判断され、うまく伝えられないことがありました。これは国内でも同様です。

精神性だけでなく、また実戦性だけでもない、その双方を併せ持つのが、武士の心得に見られるような武士道であり、真の日本武道なのです。

昨今、日本でも武士道への再認識、再評価が為されているようですが、私が継承する武術から、そして古老の師から学び、知ったことを、テレビや本の中での「サムライ」ではなく、実際はより近い存在として、書き残すことができればと思い、この本を執筆した次第です。

本書では現存する幕末の武士たちの写真を多く掲載しました。立ち姿、手や足の位置、目付け、携える刀から、その人物の「武士の心得」を推測することができます。本書を手にとった方が、これまでに目にした武士の写真を、また違った視点から見るのも興味深いかと思われます。

古から現在まで脈々と伝承され、武士道から伝わった心と技が、少しでも後世に受け継がれる一端となれば、浅学非才の身には望外の幸せです。

執筆にあたり、私のモスクワ大学での講演を聴いて下さり、強く執筆を勧めて下さった元モスクワ国立大学教授、現モスクワ高等経済大学教授、イーゴリ・ラズモフスキー氏とモスクワ国立大学講師、児玉直子氏。モスクワ滞在中には通訳を始め様々な面でお世話になったユーロスポーツロシアコメンテーター、イサエフ・デニス氏。また、多忙の中、撮影に協力して頂いた師範代の斉藤裕介氏と稲永直彦氏。

そして、今は亡き師と、筆不精の私をいつも励まし続けてくれた家族に心よりの感謝を捧げます。

【著者紹介】

宇津志 建（うつし たける）

代々式内社を受け継ぐ社家の家系に生まれ、現在、宮司を務める。
幼少より日本武道を修行し、空手道、古流剣術、拳法体術の流派継承者となる。

武士《ぶし》の心得《こころえ》

——サムライの行動則《こうどうそく》から解明《かいめい》する坂本龍馬暗殺事件《さかもとりようまあんさつじけん》——

2020年10月8日 第1刷発行

著 者 — 宇津志《うつし》 建《たける》

発行者 — 佐藤 聡

発行所 — 株式会社 郁朋社《いくほうしや》

〒101-0061 東京都千代田区神田三崎町 2-20-4
電 話 03（3234）8923（代表）
ＦＡＸ 03（3234）3948
振 替 00160-5-100328

印刷·製本 — 日本ハイコム株式会社

落丁、乱丁本はお取り替え致します。

郁朋社ホームページアドレス http://www.ikuhousha.com
この本に関するご意見・ご感想をメールでお寄せいただく際は、
comment@ikuhousha.com までお願い致します。

ISBN978-4-87302-724-1 C0095